Thomas Ebersberg
Kritik des »MANIFESTS DES
EVOLUTIONÄREN HUMANISMUS«

Zu diesem Text

Der Autor, der sich in seinen bisher veröffentlichten Büchern selbst als Kritiker von Religion und Ideologie sieht, setzt sich in seinem offenen Brief an Michael Schmidt-Salomon kritisch und zugleich konstruktiv mit dem »Manifest des evolutionären Humanismus« auseinander. Er stellt einige Thesen des Manifests infrage, verweist auf Defizite und innere Widersprüche in der Argumentation und gibt Denkanstöße zur Erweiterung des Blickwinkels und zu einer alternativen philosophischen Begründung.

Thomas Ebersberg, Jahrgang 1945, trat nach dem Abitur in den Jesuitenorden ein. Nach drei Jahren verließ er den Orden, studierte Pharmazie und Psychologie und war als Reisefotograf weltweit unterwegs. 1987 veröffentlichte er die ironisch-polemische Zeitkritik »Zarte Stachel – Süße Ohrfeigen, *Ein Kulturstrip ohne Scham und Traurigkeit*«, und 1990 »Abschied vom Absoluten, *Wider die Einfalt des Denkens*«, ein Plädoyer für ein realitätsgerechtes polares Weltbild, das auf Heilsutopien verzichtet. In seinem neuesten Buch »Christentum adieu! *Das leise Sterben eines Mythos*« beschreibt er neben Sinn und Funktion der Mythen die Fragwürdigkeit des Christentums und dessen Auflösungserscheinungen und versucht, die positive Kraft der Mythen, einem säkularen, humanen Weltbild entsprechend, neu zu definieren.

Thomas Ebersberg

Kritik des »MANIFESTS DES EVOLUTIONÄREN HUMANISMUS«

Brief an Michael Schmidt-Salomon

Bibliografische Information der Deutschen Nationalbibliothek
Die deutsche Nationalbibliothek verzeichnet diese Publikation in
der Deutschen Nationalbibliographie. Detaillierte bibliographische
Daten sind im Internet über http://dnb.de abrufbar.

Websites des Autors:
www.abschied-vom-absoluten.de
www.thomas-ebersberg.de

ISBN 978-3-8391-2770-4
Printed in Germany
© 2016 by Thomas Ebersberg

Umschlaggestaltung: Thomas Ebersberg
Herstellung und Verlag: BoD – Books on Demand,
Norderstedt

Inhalt

Die Anmerkungen folgen den Kapiteln des
»MANIFESTS DES EVOLUTIONÄREN
HUMANISMUS«, 2. Auflage, 2006

Sehr geehrter Herr Schmidt-Salomon,

meine kritischen Anmerkungen sind nicht gedacht als Fundamentalkritik, zumal auch ich mich dem Projekt eines säkularen Weltbilds verpflichtet fühle. Mir fielen in Ihrem Manifest einige Schwachpunkte auf, wie z.B. ein fehlendes philosophisches Fundament, innere Widersprüche und vor allem Einseitigkeiten, die einer gewissen, sagen wir: »monistischen« Denkungsart geschuldet sind. »Einfachen« Begründungen, Prinzipien, Postulaten und Lösungen stehe ich aufgrund meines *polaren Weltbilds*, das ich in meinem Buch »Abschied vom Absoluten – *Wider die Einfalt des Denkens*« entwickelt habe, skeptisch gegenüber. Vielleicht dienen meine Überlegungen dazu, einige Thesen Ihres Manifests nicht nur *praktisch*, wie Sie es tun, sondern auch *philosophisch fundiert* zu relativieren und den Blick zu erweitern. Auf nicht hinterfragbare, dogmatische Aussagen verzichten Sie ja und fordern zur »*kritischen Auseinandersetzung*« auf. Nun denn. Meine Anmerkungen folgen den einzelnen Kapiteln Ihres Manifests.

Fundamentale Kränkungen (S. 9 ff.)

Sie singen das Loblied auf die Wissenschaft, genau genommen auf die Naturwissenschaft. Ihr verdanken wir in der Tat Fortschritt und Wohlstand. Was Sie dank Kopernikus, Darwin u.a. *»Kränkungen«* nennen, würde ich »Desillusionierungen« nennen. Eine Desillusionierung muss nicht kränkend sein. Sie erscheint mir eher positiv, als ein neuer Blick auf die Wirklichkeit, als ein Akt der Befreiung von einer verführerischen, aber letztlich erfolglosen Selbsttäuschung.

Einen elementaren Anstoß der Naturwissenschaft in Richtung Philosophie vermisse ich in Ihrer Auflistung, nämlich die Frage: »Wie ist diese Wirklichkeit bis in die Welt der subatomaren Teilchen und Antiteilchen konstruiert? Was für ein Weltbild ergibt sich daraus?« Auf dieser fundamentalen Frage hätten Sie aufbauen können bei Ihrem »Parforceritt« durch *Natur* und *Kultur*. Sie ahnen vielleicht, ich steuere auf mein »polares Weltbild« zu, das sich weit über Physik und Chemie bis in die feinsten Verästelungen menschlicher Kultur, vor und nach »dem Affen in uns«, bemerkbar macht und das eine Deutung von *Leben, Moral, Sinn etc.* und einen realitätsgerechten Umgang mit der Wirklichkeit ermöglicht.

Der Affe in uns (S.14 ff.)

Ich verstehe ja Ihre Lust an der Provokation. Ob sie immer zielführend ist, steht auf einem anderen Blatt. *Humanismus* als Verzicht auf *»imaginäre Götter oder Heilserzählungen«*, okay. Aber was Sie als *»kategorischen Imperativ des Humanismus«* von Marx und Engels zitieren, *»alle Verhältnisse umzuwerfen, in denen der Mensch ein erniedrigtes, ein geknechtetes, ein verlassenes, ein verächtliches Wesen ist...«*, das könnte man in der Tendenz auch aus der Botschaft jenes Wanderpredigers Jesus von Nazareth herauslesen, die sich ja gerade an die Unterprivilegierten, an die »Mühseligen und Beladenen« wandte, auch wenn er diesen die Erlösung erst im Jenseits versprach. Das ist nicht so wahnsinnig neu und originell.

Ihre Hoffnung, dass Homo sapiens *»sich zu einem »ungewöhnlich sanften, freundlichen und kreativen Tier entwickeln könnte«,* ist natürlich ebenso naiv – *den* Homo sapiens gibt es nicht – wie Ihr verklärender Blick auf unsere nächsten Verwandten.

Ihre Tiervergleiche bis hin zu den »Würmern« sind gut gemeint, aber ziemlich kurios und, sagen wir, strategisch nicht gerade klug. Damit schrecken Sie Menschen, die nicht unbedingt mit Würmern in einen Topf geworfen werden wollen, unnötigerweise ab. Ausflüge in die Natur empfehle ich Ihnen bei Ihren Überlegungen zur Ethik. Dort sind Sie mit Rückgriffen auf die Natur auffällig zurückhaltend, wohl unbewusst ahnend, dass Ihre Ethik mit der »Natur des Menschen« unsanft kollidieren könnte.

Auch über das *»zufällige Produkt der biologischen Evolution«* lässt sich streiten. Evolution nur mit dem Zufall zu erklären erscheint mir fragwürdig. Die Evolution beginnt schon beim Urknall. Entstehen *Eigenschaften, Gesetze, Ordnungen* bis hin zu *Systemen* aus einem »Potpourri von Zufällen«? Könnte es nicht sein, dass dies alles als »Möglichkeit«, als Potential schon in jenem Urplasma angelegt war? Bedeutet »Evolution« nicht »Entwicklung« dieses Potentials? Und ist aus der kosmologischen Entwicklung nicht auch eine klare Richtung vom scheinbar Einfachen zum Vielfachen, Komplexen herauszulesen? Urplasma > Galaxien > Elemente > Verbindungen > Leben >

Biosphäre > Einzeller > Vielzeller > Bewusstsein > Noosphäre mit zunehmender Differenzierung und Komplexität...? Sicher war und ist Zufall immer mit im Spiel, durch zufällige neue Konstellationen oder Mutationen. Durch Zufall allein entsteht jedoch kein solches Kunstwerk wie z.b. eine Orchidee. Das entsteht aus einer für uns unerklärlichen ästhetischen Lust der Natur oder des Universums, egal was oder wer auch immer »dahintersteckt«. Es macht keinen Sinn, aus Angst vor einer möglichen schöpferischen Kraft oder Macht, z.b. »Gott« genannt, den Zufall zum Herrscher des Universums zu küren.

Auch wenn das Ganze sich »nur« auf einem winzigen Planeten am Rande einer Galaxie abspielt – *Quantität* des Ereignisses ist nicht alles. Das Geschehen auf unserem Planeten erscheint mir wesentlich faszinierender als das, was sich in den dumpf eruptierenden Sternen und den Staubwolken der Galaxien abspielt.

Und dann der von Ihnen heftig bekämpfte *»Materie-Geist-Dualismus«*. Dass *Geist* und *Bewusstsein* nur auf der *materiellen Grundlage* des Gehirns *funktionieren* und dass das Bewusstsein nicht *»frei schwebt«*, keine Frage. Geist und Materie als getrennt zu betrachten ist absurd. Aber dieses zusammenhängende *Funktionieren* besagt noch nicht, dass Geist gleich Materie *ist*. Ist Ihr Manifest »Materie«?

Wie wäre es, Materie und Geist als zwei Pole einer »Polarität«, nicht eines »Dualismus« zu betrachten? Materie, der *Stoff,* das *Material* – Geist, die formende, »organisierende«, nicht personalisierte(!) *Kraft,* bereits wirksam von Anfang an? Nicht nur in der Welt der Gedanken, gerade auch in der Welt der Ästhetik mit ihrer unerschöpflichen Kreativität – sollten wir da nicht dieser neugierigen, experimentierfreudigen Dimension *Geist* ein *bes*onderes, nicht *ge*sondertes Existenzrecht zugestehen? Polares contra monistisches Weltbild – mit Ihren »Ismen«, »Prinzipien« und dem zugrunde liegenden monistischen Denkansatz werde ich mich noch öfters auseinandersetzen müssen. Ich halte ihn für *die* philosophische Schwachstelle in Ihren Argumentationen.

»Brot für die Welt – die Wurst aber bleibt hier!« (S. 17 ff.)

»›Leben‹ lässt sich definieren als ein auf dem ›Prinzip Eigennutz‹ basierender Prozess der Selbstorganisation.« Da haben wir solch ein »monistisches Grundprinzip«, die einfache Erklärung, mit der Sie unterschiedliche, manchmal auch widersprüchliche Phänomene in das Korsett eines *Prinzips* oder *Primats* zwängen. Um neben dem Eigennutz *soziale Instinkte* wie *Empathie*, *Kooperation* und *uneigennütziges Verhalten* zu retten, müssen Sie später den schmerzhaften Spagat »*eigennützig-altruistisch*« vollbringen. Ich erinnere an das wahrhaft uneigennützige Brutverhalten, einprogrammiert nicht zum Erhalt des Individuums, sondern der Art. Ich erinnere an den Mann, der in einen Fluss springt, um ein Kind zu retten, an die zahllosen freiwilligen Helfer, Feuerwehrmänner, Ärzte, an die Spendenbereitschaft, an die uneigennützige Fähigkeit »mit zu leiden«.

Wie wäre es, wenn Sie die gegensätzlichen Pole – *eigennützige Selbsterhaltung* und *uneigennützige Arterhaltung* –, die gerade auch in der von Ihnen gern zitierten Tierwelt gelten, zwar nicht total getrennt – das System der »sauberen Trennungen« funktioniert nie – aber doch in ihrem Antagonismus und zugleich ihrer

Komplementarität als gleichwertige Pole anerkennen würden? Ansonsten können Sie Ihre späteren ethischen Bemühungen, *»Leid zu mindern«,* ad acta legen. Ein hartgesottenes, auf seinem Eigennutz beharrendes Individuum wird Ihr 10. (An-)Gebot: *»Stelle dein Leben in den Dienst einer größeren Sache...«* nur müde belächeln und es wird auch nicht das geringste Unrechtsgefühl haben, seinen Eigennutz skrupellos durchzusetzen. Erinnert sei an den ungebremsten Eigennutz der kriminellen Unterwelt. Dort wird für den Eigennutz bekanntlich »über Leichen gegangen«.

Sinn und Sinnlichkeit (S. 24 ff.)

»Homo sapiens... als unbeabsichtigtes, kosmologisch unbedeutendes und vorübergehendes Randphänomen eines sinnleeren Universums.« Ihre Bescheidenheit ehrt Sie. Aber man kann die Bescheidenheit auch übertreiben. Die Frage, ob Universum und Mensch »beabsichtigt« sind, erscheint mir spekulativ. Auf solche Fragen verzichtet der Agnostiker wohlweislich. Dass aber die Evolution zumindest auf unserem Planeten in Richtung des komplexen Wesens *Homo sapiens* hinarbeitete, lässt sich kaum bestreiten. Wir *sind* und wir sind von der Evolution »gewollt«, ansonsten gäbe es uns nicht.

Die Bedeutung eines Wesens wie Homo sapiens bemisst sich nicht unbedingt an seiner Quantität, seiner Kleinheit im Vergleich zu den gigantischen Dimensionen des Universums, sondern an seiner Qualität. Und da bin ich geneigt, diesen Homo sapiens trotz all seiner Fragwürdigkeit zu bewundern. Was er im Lauf der kulturellen Evolution geleistet hat und was sich hier auf Erden abspielt, ist grandios. Dagegen erscheint mir das Geschehen innerhalb der Galaxien geradezu langweilig! Dass alles *kreative* Können des Menschen auch seine dunkle, *destruktive* Kehrseite hat, verwundert ein polar geschultes Bewusstsein nicht. Wer Polarität verinnerlicht hat, verzichtet auf pauschale Lobeshymnen oder Verdammungsurteile über Homo sapiens.

»Sinnleeres Universum«? Eine ziemlich gewagte Behauptung. Passt das, was sich im Universum dank dessen *Gesetze*, *Ordnungen*, *Systeme* abspielt, nicht zusammen und ergibt somit *Sinnbezüge*, einen *Sinn*? Auch der von Ihnen gern benutzte Begriff der »Selbst-organisation« spricht für ein sinnvolles, zielgerichtetes Geschehen. Wer etwas »organisiert«, hat ein Ziel im Auge. Ich spreche hier nicht von einem Sinn, der sich durch den Bezug auf eine »andere Welt« ergibt, son-dern von einem *innerweltlichen Sinn*.

Dieses Universum ist »angefüllt mit Sinn«. Sie sollten öfter mal Naturfilme anschauen, welch zielge-richtete, sinnvolle Raffinesse dort in der Natur am Werk ist. Wenn das ganze Universum *Chaos* wäre, ein Potpourri von Zufällen, wo nichts zusammenpasst, dann hätten Sie mit Ihrer Rede vom »sinnleeren Uni-versum« recht. Mit scheint, hier ist wieder einmal Ihre Angst vor einem womöglich transzendentalen »Sinn-geber« mit Ihnen durchgegangen und lässt Sie trotzig jeglichen Sinn im Universum abstreiten. Vielleicht sollten Sie sich auch einmal diese Fragen stellen: Was in diesem Universum treibt mich an, eine *Ethik* zu entwerfen, einen *Sinn des Lebens* zu definieren? Macht mein »Manifest« Sinn oder ist es nur Teil eines »sinnleeren Universums«?

Ihre Gleichsetzung von *»Sinn«* mit *»Sinnlichkeit«* klingt begrifflich gut, erscheint mir aber etwas mager. Ja, ohne Wahrnehmung über die Sinne geht nichts.

Aber *Sinn* besagt ja wohl mehr als *Anrührung durch die Sinne*. Und das Streben nach »Höherem«, nach einem »höheren Sinn«, das man, wie gesagt, aus der Evolution ableiten könnte, abzukanzeln, nur weil unsere Vorfahren in mythischen, meinetwegen »illusorischen« Bildern darüber verfangen waren, scheint mir etwas zu kurz gedacht.

»Transzendiert« Homo sapiens nicht permanent seine Grenzen in Richtung eines »Höheren«? Bewegt er sich nicht immer noch, auch *nach* der Säkularisierung, in Richtung »Gottesmythos«, in Richtung *Allwissenheit, Allmacht, Allgegenwart* und *Unsterblichkeit*, also in Richtung eines Höher-, Höchst- und zugleich Unmöglichen? Die Natur hat ihm das Potential und ein Instrument zur Realisierung dieses Potentials gegeben, das ihn offensichtlich zu einer gewissen Maßlosigkeit im Wollen, Handeln und Phantasieren, gipfelnd im Gottesmythos, verführt. Evolution ist nichts anderes als die Verwirklichung dieses Potentials. Mit »Sinnlichkeit« allein können Sie den »Sinn« von Homo sapiens, seiner Existenz und seines Strebens nicht erklären.

Auch als Wortspiel zur Definition eines Sinns kommen Sie mit den »Sinnen« alleine nicht weit. Ja, jeglicher Sinn erschließt sich uns zunächst über die Sinne. Der Sinn selbst ist jedoch nichts »Sinnliches«, sondern eine geistige Kategorie, die Erkenntnis eines Zusammenhangs, einer Beziehung, eines »Sinnbezugs«. Ihre eigene Argumentation in dem ganzen Manifest strotzt übrigens eher vor rationalen Argumenten als vor Sinnlichkeit. Ich vermisse darin sinnlich ansprechende Beispiele aus der *Ästhetik*.

Ihr *Hedonismus* reiht sich ein in Ihre einfachen, monistischen Prinzipien: *Lust* und *Glück* als die »eigentlichen, einzig wahren« Antriebe des Menschen, und das Ganze möglichst materialistisch auf die Sinne und die Sinnlichkeit reduziert – ist das nicht etwas dünn? Gibt es neben den *sinnlichen* nicht auch *emotionale* und – durch den Gewinn von Erkenntnissen – *geistige Sinnerfahrungen?*

Auch in anderer Hinsicht erscheint mir Ihr Hedonismus als oberster Antrieb fragwürdig. Lust- und Glücksgefühle sind bekanntlich »nur« Belohnungsmechanismen der Natur für die elementaren Triebe der Selbst- und Arterhaltung, eben deshalb an Nahrungsaufnahme und Sexualität gekoppelt. Es sind »Köder für Anstrengungen«, nicht Selbstzweck. Der echte Hedonist aber, immer auf der Suche nach den Bonbons des Lebens, scheut definitionsgemäß jegliches Opfer, jede Anstrengung. Er spielt nicht gerne Feuerwehr- oder Müllmann, Verkäuferin, Lehrer etc. »Per aspera ad astra!« – das schmeckt dem Hedonisten nicht. Mit Mühsal, Leid, Tragik, Scheitern kann er nichts anfangen. Das würde ihn aus seiner Lustbesessenheit herausreißen.

Der Begriff »Überlebenskampf«, das tatsächlich oberste Prinzip des Lebens, taucht denn auch in Ihrem Manifest nicht auf. Für die Mehrzahl der Menschen auf diesem Planeten muss Ihr Plädoyer für die Lust wie Spott und Hohn klingen. Erzählen Sie das einer Näherin in Bangladesch oder einem Lastenträger in irgendeinem Hafen der Dritten Welt. Solche Plädoyers kann sich nur leisten, wer die Welt aus epikureischer Abgehobenheit, von einer privilegierten Warte aus betrachten darf oder wer auf einer der wenigen Inseln der Seligen, des Wohlstands und der Lustsuche lebt – verständlich aus dem Munde eines forsch fröhlichen Philosophen, der sich locker lächelnd mit unkonventioneller Baseballcap der Öffentlichkeit präsentiert.

Konsequenterweise vermeiden Sie als Hedonist thematisch alles *Negative – Krankheit, Scheitern, Unglück, Tod –,* die dunkle Seite des Lebens, an der sich die transzendentalen Heilsmythen abarbeiteten und für die es zumindest vor dem Tod keine *Erlösung,* aber eine *Erklärung* gibt, die zu finden die Aufgabe eines Philosophen wäre, der sich mit der ganzen Breite der Conditio humana befasst.

Dabei wäre die »philosophisch erlösende« Erklärung – das *Existenzrecht des Negativen* – für Sie als vorwiegend logisch denkenden und argumentierenden Menschen gar nicht so schwer, hätten Sie, sorry, ein »polares Weltbild«, das die *logische Notwendigkeit des Negativen* nicht nur akzeptiert, sondern geradezu fordert. Stattdessen verdrängen Sie, nach Epikur, das *»Unglück«* als *»größtes Übel«* und konzentrieren sich unverdrossen auf die Lust- und Glückssuche als den eigentlichen Sinn des Lebens.

Irgendwann merken Sie dann doch, dass da etwas nicht stimmt. Dem von Ihnen so bezeichneten *»aufgeklärten« Hedonisten* nehmen Sie an späterer Stelle genau das, was ihn ausmacht, und stellen der Suche nach Lust, Glück und Eigennutz deren Gegenspieler, den »Altruismus« zur Seite. Damit relativieren Sie aber ihre ursprüngliche These vom Hedonismus und Eigennutz als den »eigentlichen« Antrieben. Schön, dass Sie quasi im letzten Moment doch noch irgendwie die »Kurve kriegen«. Hätten Sie in Ihrem Denken auf die Suche nach dem »Einen« und »Eigentlichen« verzichtet, Sie hätten es wahrlich leichter gehabt.

Noch ein *Blick auf die Realität.* Lust- und Glücksgefühle sind als Dauerzustand unerträglich. Schokola-

16

denberge und nicht endende Orgasmen sind naive Wunschvorstellungen, in der Konkretisierung quälend bis unerträglich. Sie erinnern übrigens fatal an die transzendental-hedonistischen Vorstellungen von der »ewigen Glückseligkeit«. Wollen Sie diese tatsächlich nur »säkularisieren«? Was für einen Sinn macht solch ein »Paradies«? Wie geht ein Hedonist mit *Unlust*, mit den emotionalen Erfahrungen der *Trauer*, *Empörung*, *Verachtung*, *Verzweiflung* um? Blendet er sie aus, schottet er sich dagegen ab oder gerät er in Panik?

Die emotionale und geistige Klaviatur hat mehr als hedonistische Lüste wie den *»Geruch von frisch gebackenem Brot«* zu bieten. Leben ist mehr als Lust und Glück, die ohnehin nur Momente darstellen können. Zu einem »reichen Leben« gehören bekanntlich auch die Tiefen und die Durststrecken. Reduktionistische Konzepte werden der »Conditio humana«, die Sie als Humanist ja wohl akzeptieren, nicht gerecht, sind schlichtweg unrealistisch. Die Fixierung auf die hedonistischen Lust-, Glücks- und Paradiesvorstellungen – egal ob transzendentale oder säkulare – entpuppt sich beim genauen Hinschauen als kindlich-kitschige Wunschvorstellung.

Erstaunlicherweise bringen Sie nach dem Lob der Sinnlichkeit den *»Zusammenhang von Glückseligkeit und Gerechtigkeit«* ins Spiel und preisen nach Epikur die *»Vernunft als höchstes Gut«*. Damit entfernen Sie sich aber ziemlich weit von *»Sinn und Sinnlichkeit«*. Hedonismus und Gerechtigkeit? Hedonismus und Vernunft? Wahrlich keine harmonischen Paare! Wo bleibt hier die Lust an der Unvernunft, an allem Exzentrischen, Ekstatischen? »Vernunft«, habe ich einmal gesagt, »ist der sichere Weg in die Depression!« Das Diktat der Vernunft beflügelt sicher nicht die Lebenslust, es sei denn, Sie sind von Ihrem Charakter her auf »Maß und Mitte« und auf »Verstandesmensch« geeicht.

Und Ihr Bedürfnis nach *Gerechtigkeit* wird spätestens dann erschüttert, wenn man Ihnen eines Ihrer Privilegien streitig macht. Der Ruf nach Gerechtigkeit erschallt bekanntlich immer und nur »von unten«, aus den Reihen der Unterprivilegierten. Die *»relative Gleichmäßigkeit der Güterverteilung«* mag als Wunschvorstellung zum Wohlbefinden der unteren Klassen beitragen, sie bleibt jedoch ein utopisches Unterfangen. Aber das ist ein anderes Thema.

Mit der Lobpreisung des *»vernünftigen, anständigen und gerechten Lebens«* haben Sie sich immerhin ziemlich weit vom zuvor propagierten Hedonismus und dem Eigennutz entfernt, gewissermaßen einen Haken in die andere Richtung geschlagen. Inwieweit diese wie alle »Idealvorstellungen« für jedermann attraktiv und realistisch sind, darüber darf noch nachgedacht werden.

Abschied von der »Traditionsblindheit« (S. 29 ff.)

An dem Plädoyer für den Humanismus als *»offenes System«*, daran gibt es nichts zu bemäkeln. Wenn Sie dann aber von *»Sturheit«*, *»Irrwegen«* und *»Schwächen der Denktraditionen«* reden, dann vermisse ich eine gewisse Empathie und ein Verständnis – sowohl für unsere Vorfahren, die nun einmal zwangsläufig noch in naiven, kindlichen Weltbildern verfangen waren, als auch für jene »aufgeklärt gläubigen« Zeitgenossen, die sich noch quasi im Überblendverfahren vom transzendentalen zum säkularen Weltbild befinden.

Man sollte den Versuch unternehmen, Traditionen nicht nur verdammend abzulehnen, sondern sie auch aus ihrer Zeit heraus zu verstehen. Auch die Bewusstseinsgeschichte ist ja der Evolution unterworfen. Das sollte für einen »evolutionären Humanisten« selbstverständlich sein. Mit der *Ungleichzeitigkeit von Weltbildern* müssen Sie leben. Und, ich gehe soweit zu behaupten, dass die Mythen unserer Vorfahren, ihrem Erkenntnisstand und ihrer Bewusstseinsentwicklung entsprechend, ihre *historische Berechtigung* hatten. Sie halfen, mit den existenziellen Bedrohungen und den Wirrnissen des Lebens zurechtzukommen. Dass die Mythen von den Eliten des Mythos und der Macht instrumentalisiert und missbraucht wurden, steht auf einem anderen Blatt.

Die *Eliten* verursachten das Unheil, die *Mythen* waren immer nur die »spirituelle Aura«, mit der sich die Herrschenden umgaben und mit denen sie ihren Feldzügen einen Heiligenschein verliehen. Man sollte die Rolle der Mythen in der »Unheilsgeschichte« der Menschheit nicht überschätzen. Sie sind eher Bebilderung, denn Motor der Geschichte. Man könnte Sie auch als »spirituelle, ideologische Begleitmusik« zu jenem Spiel betrachten, um das es in der Geschichte der Menschheit *wirklich* geht und das von den *Akteuren der Macht* gespielt wird. Wenn schon Tiraden Ihrerseits, dann bitte zuerst gegen die *Eliten* und nicht pauschal gegen die *Religion*!

Unter dem Begriff der »politischen Religionen« nennen Sie merkwürdigerweise nur den »Nationalsozialismus« und »Staatssozialismus«. Den Kapitalismus, die Marktideologie, die als *ökonomische Religion* längst auch die Politik beherrscht und zu einer »politischen Religion« avanciert ist, klammern Sie aus.

Kennen Sie eine Religion oder Ideologie, die ihre Gläubigen besser im Griff hat, effektiver *manipuliert*, zur Konsumlaune *verführt*, von ihnen eine rigidere (Leistungs-)*Moral* abverlangt und ihnen ein platteres (Konsum-)*Paradies* verspricht als den Kapitalismus? Sind Sie auf dem kapitalistischen Auge blind?

Für mein Empfinden konzentriert sich Ihr Engagement für eine humane Welt zu sehr auf die Religionskritik und vernachlässigt die globale *ökonomische Heilslehre*, die »Frohe Botschaft« des Kapitalismus. Wie wäre der derzeit global herrschende Mythos *Kapitalismus* zu »entzaubern« und zu zähmen? – diese Frage verlangt nach einer Antwort. Ja, in einem späteren Kapitel erwähnen Sie die skandalöse Differenz zwischen Arm und Reich, die *»bedauernswerte Gruppe der Marktausgeschlossenen«*. Den zugrunde liegenden Prinzipen des Marktes, die gerade diesen »Ausschluss« produzieren, rücken Sie aber dank Ihrer Theorie des Eigennutzes nicht konsequent zu Leibe.

Wir als »Aufklärer und Weltverbesserer« befinden uns ja offensichtlich in einem Zweifrontenkrieg – dem Kampf mit einer transzendentalen und einer säkularen Heilslehre. Das Christentum erodiert und ist dabei, »sich auszuwachsen«. Der weitaus konservativere Islam wird uns, den Säkularen, vermutlich wesentlich mehr Schwierigkeiten bereiten. Entscheidender jedoch wird die Auseinandersetzung mit dem weltweit herrschenden Kapitalismus sein. Dessen Auswirkungen dürften nicht weniger schädlich sein als Extremisten und fundamentalistische Religionen.

In Ihre Ablehnung »absoluter Kategorien« kann ich nur einstimmen. Dass Ihre »Ismen« (*Monismus, Hedonismus, Materialismus* etc.) den Keim der Verabsolutierung in sich tragen, gewissermaßen das Absolute »im Kleinformat« darstellen, um das nachzuvollziehen, schlage ich vor, Sie lesen in meinem »Abschied vom Absoluten« das Kapitel »Metamorphosen des Absoluten«. Und noch eine kurze provokante Zwischenfrage: Was sagen Sie eigentlich einem Hedonisten, der Lust auf jene »postmoderne Beliebigkeit« hat, die bekanntlich am wenigsten individuelle Anstrengung und Probleme bereitet? Darf er dieser Lust frönen oder sollte er sie in die geordneten Bahnen einer *»vernünftigen, anständigen und gerechten«* Ethik lenken? Ja, der »aufgeklärte« Hedonist wird dieser spröden Pflicht nachkommen, sagen Sie, hoffen Sie.

Glaubst du noch oder denkst du schon?
(S. 36 ff.)

Sie spielen *wissenschaftliches Denken* gegen *religiöses Glauben* aus. In der Tat, Glauben hat wenig mit Wissen und Erfahrung zu tun, ist immer Angst- und Wunschglauben, entspricht also mehr der Psyche eines Kindes als der eines Erwachsenen. Genau dadurch lässt sich der Erfolg der Mythen bzw. Religionen in der Frühzeit der Menschheit bis in unsere Zeit hinein erklären. Phantasiebegabte Menschen schufen Erzählungen, die die existenziellen Wünsche und Ängste der »Menschenkinder« erklärten und befriedeten. Diese mythischen Geschichten, die übrigens oft auch einen gewissen Wahrheitsgehalt hatten, mit *»Kartenlegen, Kaffeesatzlesen...«* gleichzusetzen, bzw. in einem Zug zu zitieren, ist, mit Verlaub, »unter Niveau«. Mit Überheblichkeit und dem Versuch, die Gegenseite ins Lächerliche zu ziehen, kommen Sie bei Ihrem Projekt *Aufklärung* nicht weiter. Damit beweisen Sie nur einen Mangel an Differenzierung und Sensibilität und schaffen unnötig Aversionen. Auf einer Theaterbühne machen sich Provokation und Polemik gut, nicht aber in einem auf Überzeugungsarbeit angelegten »Manifest«.

Mir scheint, dass Sie das »*wissenschaftliche Denken*« überbetonen, überbewerten und damit wieder in eine gewisse Eingleisigkeit geraten. Ja, das Wissen über die Welt vermehrt sich ständig. Aber zu dem philosophischen Verstehen der Welt trägt auch eine andere Art von Denken bei. Ich spreche z.B. von »emotionaler Intelligenz«, von »Intuition«.

Sie werden es vielleicht nicht glauben und für suspekt halten, aber die meisten Erkenntnisse über die Welt habe ich *intuitiv* gewonnen durch die Betrachtung meiner Erfahrungen und mit Fragen der Art: »Warum schmeckt mir dies, warum stößt mich jenes ab? Warum gehört in einen guten Cocktail ein Spritzer Bitter? Warum runden erst fein dosierte Synkopen die Harmonie ab? Warum ist Schwarz-Weiß-Malerei flach, warum gewinnen Bilder erst durch die Grautöne an Plastizität? Warum entsteht der Eindruck von Räumlichkeit durch stereoskopes Sehen? Was macht die Faszination des Negativen aus? Warum hat der Zeitgenosse einen unstillbaren Appetit auf schlimme Nachrichten und Kriminalfilme im TV… usw. usw.«

Natürlich freue ich mich, wenn mein »polares Weltbild« durch naturwissenschaftliche Erkenntnisse bestätigt wird, durch Phänomene wie z.B. *Teilchen* und *Anti-Teilchen*, *sichtbare* und *unsichtbare Materie*, *Welle-Teilchen-Dualismus*, das *binäre System* von 0 und 1, die digitale Darstellung der Wirklichkeit mittels *Bits und »Nothings«*, *elektromagnetische Pole*, *Schwingungen, Ambivalenzen, Symmetrien, Doppelhelix, antagonistische Systeme* wie *Sympathikus* und

Parasympathikus… (s. »Abschied vom…«, »Das Kontrastprinzip« und »Der sublogische Zugang«)

Es gibt noch andere als wissenschaftlich denkerische Zugänge zum Verstehen der Wirklichkeit. Und gerade die Beispiele aus den ästhetischen, emotionalen und instinktiv-intuitiven Bereichen überzeugen manchmal mehr als die spröden, auf wissenschaftlicher Denkweise, auf Logik und Vernunft basierenden Argumente. Welche Schwerpunkte man setzt, ob auf Rationalität oder Intuition, hängt natürlich von der Persönlichkeit des Denkenden ab. Ich vermute Sie mal eher dem rationalen als dem sinnlich-emotional-intuitiven Typus zugehörig. Beide polar entgegengesetzten Begabungen haben ihren Reiz. Und wenn sie sich gar »komplementär« ergänzen?

Wissenschaft, Philosophie und Kunst (S. 39 ff.)

Mit dem Kampf gegen die *»Mär von der Erde als Mittelpunkt des Universums«* und die *»Schöpfungsgeschichte«* rennen Sie offene Türen ein. Ich erinnere noch einmal an den begrenzten Erkenntnisstand unserer Vorfahren und an den Erzählcharakter der Mythen, die in früher Zeit noch Dichtung, von der Kunst« noch nicht getrennt waren. Erstaunlich übrigens ist der die evolutionäre Abfolge – Erde, Pflanze, Tier, Mensch – ahnende Wahrheitsgehalt der Schöpfungsgeschichte.

Von einem *»kläglichen Versagen der Religionen«* zu sprechen, auch das erscheint mir, mit Verlaub, etwas arrogant. Erstens hat die Menschheit *mit* und *trotz* ihrer Mythen erfolgreich überlebt. Und zweitens, versagen kann nur, wer die Chance zu einem richtigen, besseren Verhalten hat und diese verspielt. Diese Chance hatten unsere Vorfahren, der frühe Homo sapiens, dank ihrer begrenzten Erkenntnisse nicht.

Nicht ohne Grund versuchen die christlichen Religionen derzeit, ihr Weltbild an die Moderne anzupassen, sich mit der Evolution, mit Demokratie und Menschenrechten, mit Umweltschutz, Nachhaltigkeit und allerlei säkularen Utopien anzufreunden, obwohl dies gewiss nicht das Programm ihres Gründers war.

Das *historische Versagen* z.B. des »christlichen Abendlandes« lag eher an den Machtinteressen der Eliten als an der christlichen Lehre. Die »reine Lehre« des Jesus von Nazareth kann man schwerlich für die Grausamkeiten der abendländischen Geschichte verantwortlich machen. Diese Geschichte beweist nur, dass »übernatürliche Konzepte« das Weltengeschehen gewiss nicht bestimmen können. Auch Sie werden das mit Ihrem »evolutionären Humanismus«, dessen Ethik ebenfalls Züge von edelmütiger »Übernatürlichkeit« zeigt, noch schmerzlich erfahren müssen.

Was Sie über die *Notwendigkeit des Zusammenspiels von Wissenschaft und Philosophie* sagen, hervorragend! Die *Kunst* behandeln Sie jedoch etwas stiefmütterlich. Liegt es daran, dass gerade dort sich jene phantasierte Art von Leben abspielt, die mit Ihrem Ideal des *»vernünftigen, anständigen und gerechten Lebens«* wenig gemein hat? Wo nicht Eindeutigkeit, sondern Zweideutigkeit und pralle Vielfalt herrschen?

Ich weiß nicht, ob und wie Epikur mit unseren Theater-, Film- und Fernsehprogrammen, mit den Ergüssen der modernen Literatur zurechtkommen würde. Es dürfte schwer fallen, die Kunst in den Dienst Ihrer doch recht »braven« Ethik zu stellen, ist sie doch Tummelplatz für alles Verbotene, Tabuisierte, Verdrängte. Man könnte fast sagen, die Kunst ist das klassische Terrain einer »Anti-Ethik«.

Bei Ihrer Gegenüberstellung der »*Päpste ... Kaiser, Könige ..., auf die man hätte ›verzichten‹ können*«, gegenüber der »*großen wissenschaftlichen, philosophischen und künstlerischen Ahnengalerie*« vergessen Sie, dass Geschichte nicht von Wissenschaftlern, Philosophen und Künstlern gemacht wird. Das ist nicht ihr Ding, dazu sind sie weder willens noch fähig. Sie sind bestenfalls Welt*erklärer*, Welt*darsteller* – politische Welt*gestalter* sind sie nicht. Den Philosophen als Staatslenker werden wir nicht erleben.

Geschichte ist auch leider kein reiner »*Wärmestrom*«. Sie wird im Kampf um harte, »kalte« Wirklichkeiten von Machtmenschen, in Ihrer Diktion: von »affenartigen Paschas« gemacht. Selbst in der Demokratie wird von dem obersten Volksvertreter »Führungsqualität«, die vornehme Umschreibung der Fähigkeit Macht auszuüben, erwartet. In Ihrer Geschichtsdeutung vermischen Sie zwei Kategorien von Menschen, die wenig miteinander gemein haben, die eher antagonistisch und bestenfalls komplementär zu einander stehen. Auch so eine Variante von »Polarität«.

»*Wer Wissenschaft und Kunst besitzt, hat auch Religion*«? (S. 47 ff.)

Bei Ihrer Definition von Religion fällt auf: Sie reduzieren Religion auf *religiöses Denken*, auf *religiöse*, sprich: *mythische Welterklärung*. Religion ist mehr. Sie spiegelt den Erfahrungs- und Erwartungshorizont ihrer Zeit wieder. Sie macht genau das Gleiche wie Sie. Sie *erklärt* die Welt, *verspricht Heil* in einer besseren Welt und *fordert moralisches*, »ethisches« *Verhalten*, d.h. die Unterordnung unter ein größeres Ganzes. Ob Sie dieses übergeordnete Ganze nun »Gott«,

»Natur« oder »Gesellschaft« nennen, macht im Endeffekt keinen großen Unterschied.

Der Religion unterstellen Sie schon einmal locker, dass da *»Etikettenschwindel«*, *»gezinkte Karten«* und *»Lüge«* am Werk sind, also bewusste, boshafte Täuschungsmanöver. Sorry, so können Sie mit jahrtausendealten geistigen Traditionen nicht umgehen. Traditions*blindheit* ist in der Tat fragwürdig genug, aber eine mit Unterstellungen garnierte Traditions*verachtung*, ist das human? Man kann blind *durch*, man kann aber auch blind *für* die Tradition sein, für deren Entstehung, Begründung und Ziele. Im Folgenden fallen Sie über die *Zehn Gebote* her. Sie geraten in Rage über deren *»grenzenlosen Sadismus«.*

Ja, die Mythen waren nicht zimperlich in ihrer Bildsprache (s. auch Homer und andere nicht minder martialische Mythen der Weltgeschichte). Ja, die frühen Kulturen waren noch »affenartig patriarchalisch« geprägt. Und die Strafandrohungen waren noch »affenartig drakonisch«. »Resozialisierung«, beruhend auf der Vorstellung, dass alle Menschen eigentlich gut seien, wenn sie nur... – diese etwas sülzige Vorstellung pflegten unsere »primitiven« Vorfahren noch nicht. Ihre Moral war wie jede Moral, auch wenn sie von Moses und Co. verkündet wurde, eine dem damaligen Bewusstsein und Weltbild entsprechende Gesellschaftsmoral mit mythisch-transzendentaler Begründung. Und mangels »cooler Rationalität« verstieg man sich schon einmal, was z.B. das Alte Testament oder die Apokalypse des Johannes betrifft, zu drastischen Bildern, wenn es um Strafandrohungen ging.

Die Bildsprache des Mythos eins zu eins auf heutige Vorstellungen und Denkweisen zu übertragen ist absurd. Hier waren phantasiebegabte Menschen am

Werk! Dass Moral sich von den *primitiven* zu *sublimeren* Ausformungen, entsprechend der gesamten kulturellen Evolution, erst entwickeln musste und auch entwickelt hat, werden Sie als »evolutionärer Humanist« ja wohl nicht abstreiten wollen. Sie sollten die Evolution des menschlichen Bewusstseins nicht erst heute oder mit der Aufklärung beginnen lassen, sondern mit den ersten Menschen, ihren Begräbniskulten und »naiven« Jenseitsvorstellungen als dem Anfang von Kultur.

Ich betone noch einmal, zwischen Religion, d.h. religiöser Lehre, und deren Institutionalisierung und Instrumentalisierung durch die Eliten des Mythos und der Macht besteht ein gewaltiger Unterschied.

»Während in der Wissenschaft das Primat des besseren Arguments gilt, gilt in der Religion das Primat der Macht«, sagen Sie. Hier differenzieren Sie nicht, vergleichen Äpfel mit Birnen. Sie können dem *»besseren Argument der Wissenschaft«* nicht den *Machtanspruch der Institution Kirche* entgegensetzen. Auch Religion hat »Argumente«. Und wenn z.B. jener Jesus sagte: »Wer von euch der Erste sein will, der…« – widerspricht diese Forderung genau Ihrer Definition von Religion als einem *»Primat der Macht«*, auch wenn die Institution Kirche die Lehre ihres Gründers pervertierte.

Sie werfen da zwei unterschiedliche Kategorien – *Lehre* und *Institution/Eliten* – leichtfertig oder oberflächlich in einen Topf. Auch hier gilt: statt flotter Attacke – differenzieren! Nicht mit der Keule des Pauschalisierens, sondern mit dem Florett des Differenzierens! Feindbilder verleiten nur allzu leicht zu überhitzten Tiraden. Vielleicht sollten Sie Ihre Religionskritik etwas besser von der Kirchenkritik trennen. Ansonsten werden Sie von den Vertretern der Religion nicht ernst genommen.

Da Ihnen vermutlich die Innenansicht des Christentums fehlt oder nur schemenhaft bekannt ist, empfehle ich Ihnen mein Büchlein »Christentum *adieu!*«. Dort finden Sie neben der Kirchenkritik Argumente gegen die *Essentials der christlichen Lehre*. Diese Auseinandersetzung halte ich für wesentlich interessanter und konstruktiver als das Anrennen gegen das längst anerkannte historische Versagen und die fragwürdigen Vertreter des Christentums.

Dem *Polytheismus* »*ein besseres Zeugnis auszustellen*« hat, entgegen Ihrer ablehnenden Einschätzung, durchaus einen guten Grund. Der Polytheismus hatte noch ein Gespür für die *Vielheit von Leben; alle Aspekte der Wirklichkeit* wurden in mythischen Bildern beschrieben. Die fatale »monistische Reduktion« der *vielen* Götter auf den *einen, absoluten* Gott (s. »*Abschied...*«, »*Die Geburt des Absoluten*«) war ja vermutlich *die* Fehlleistung des religiösen Denkens, psychologisch verständlich als Emanzipierungsversuch des Individuums gegenüber Abhängigkeiten. Analogien der Mythengeschichte mit der Entwicklung der menschlichen Psyche sind, denke ich, erlaubt. Später säkularer Abglanz des monotheistischen Gottes ist denn auch das derzeit gepredigte *autonome Individuum, unabhängig, selbstbestimmt, sich selbst genug.*

Im Fahrwasser des Monotheismus arbeiten sich bekennende Atheisten noch immer an dem *einen, guten, absoluten Christengott* ab, blind dafür, dass sie gegenüber dem Polytheismus keine Chance hätten, dessen Vorstellungen von »guten und bösen Göttern« als eklatanten »Widerspruch zur Realität« abzulehnen.

Der Polytheismus hat keine Probleme mit der *Theodizee*, er braucht sich nicht gegenüber dem *Leid in der Welt* zu rechtfertigen. Er war weitaus näher an der Realität, einem polaren und pluralen Weltbild, als der hochgelobte Monotheismus. Hier wäre übrigens ein Denkansatz für die Fragwürdigkeit monistischer Weltbilder.

Zwei entscheidende Motive der Mythen bzw. Religionen übersehen Sie: das Bedürfnis nach Erlösung von der Negativseite des Lebens, insbesondere vom Tod – und das Streben *nach* und die Bewunderung *für* etwas »Höheres«, projiziert in eine »andere Welt« und personifiziert in »jenseitigen Mächten«. Ersteres erklärt sich als ein kindlicher Wunsch, dem auch Sie mit dem Projekt *Aufklärung* im Sinne der »Weltverbesserung« in säkularer Form huldigen. Auch Sie hoffen auf »Erlösung« in Richtung einer Welt des Kant'schen »ewigen Friedens«.

Das Zweite, das Streben nach etwas »Höherem«, ist, das behaupte ich mal, programmatisch in der Evolution angelegt: vom Niederen zum Höheren, s. Evolution der Elemente, der Biosphäre, der Pflanzen, Tiere bis hin zur Noosphäre des Homo sapiens. Und auch innerhalb der kulturellen Evolution darf der Aufstieg vom Primitiven zum Höheren, Komplexen, Sublimen, Virtuellen festgestellt werden. Dass das frühe menschliche Bewusstsein diesen Aufstieg in einer »Zielprojektion« mit dem Mythos des Monotheismus *verabsolutierte* und *personifizierte*, sollte man verstehen, ihm verzeihen können.

Ich habe es schon erwähnt, trotz Säkularisation und Aufklärung – bewegen nicht auch wir uns gerade mithilfe der Naturwissenschaften in Richtung »Gottesmythos«, in Richtung *Allwissenheit* per Wissenschaften,

Allmacht per Technik, *Allgegenwart* per digitaler globaler Vernetzung und *Unsterblichkeit* per unverdrossen erhoffter steigender Lebenserwartung? Diese positive, evolutionär angelegte Antriebskraft des Mythos darf man getrost würdigen und vielleicht sogar als »urmenschlich« interpretieren. Vielleicht sollte man sich die Mühe machen, statt der pauschalen Verdammung der Mythen deren positive Ansätze zu suchen und sie neu, d.h. zeitgemäß zu definieren.

Und wenn jener euphorische Wanderprediger und Weltverbesserer sagte: »Viele sind berufen, aber nur wenige sind auserwählt« – war das nur elitäres Exklusivitätsdenken oder ahnte er da nicht vielleicht, dass seine »hyperempathische« Botschaft der undifferenzierten Nächsten- und Feindesliebe nur bei wenigen auf fruchtbaren Boden fallen würde? Müssen nicht auch Sie hinsichtlich des Erfolgs Ihrer *»frohen Botschaft des evolutionären Humanismus«* etwas Ähnliches ahnen? Ihre Drohung für den Fall des Misslingens beschreibt zwar nicht die jenseitige *»Höllenqual«* und das *»Heulen und Zähneknirschen«*. Dafür dürfen Sie, so ganz beiläufig – sollte Homo sapiens mangels humanistischer Ethik scheitern – mit seinem *Untergang in ökologischen oder atomaren Katastrophen* drohen, wo vermutlich auch »Heulen und Zähneknirschen« herrschen werden. Wo liegt der Unterschied zwischen Ihrer modernen Apokalypse und der des Johannes?

Dem »imaginären Alphamännchen« auf der Spur (S. 55 ff.)

Sie versuchen, den Gläubigen ihren Gott, von Ihnen unsensibel in eine Reihe mit *»Hexen und Kobolden«* gestellt, auszutreiben. Beinahe verschämt räumen Sie der Gotteshypothese »*Selektionsvorteile in früheren Zeiten*« ein. Pantheistische, apersonale Gottesvorstellungen lassen Sie gerade noch gelten, halten Sie aber für uns Menschen für sinnlos. Da stimme ich mit Ihnen überein. Als offener, entspannter Agnostiker, der sich mit dem Angebot der Mythen zwar auseinandersetzt, aber keine Lust hat, sich auf Spekulationen über transzendentale Welten oder »Wirklichkeiten«, die jenseits seiner Erfahrungen liegen, einzulassen, könnten Sie jetzt die Feder hinlegen und das Thema beenden. Das tun Sie als vermutlich »bekennender Atheist« nicht.

Wie ein verwundeter Stier gehen Sie auf den Glauben an ein »*imaginäres Alphamännchen*« los. Und weil Sie wissen, dass Sie dessen Nichtexistenz nicht beweisen können, wenn Sie also argumentativ schwächeln, nehmen Sie Zuflucht zu der Taktik, den vermeintlichen Gegner lächerlich zu machen. Sie polemisieren mit «*Gaga-Gugelhurz*«, sprechen von »*realem Unsinn*« und flüchten sich immer wieder in die äußerst bescheidene Selbstdefinition als eines »*affenartigen, auf zwei Beinen laufenden Säugetiers*«. Mit dieser Polemik erweisen Sie Ihrem Projekt einen Bärendienst. Bleiben Sie im Sinne der propagierten »*offenen Gesellschaft*« locker! Mit »*Lachsalven*« aus Ihrer eigenen Fraktion kommen Sie in Ihrem Bemühen um »Aufklärung« keinen Schritt weiter. Mögliche Brücken brechen Sie ab, noch bevor sie im Bau sind.

Warum lassen Sie unbeantwortbare, aber keineswegs sinnlose Fragen nicht offen? Was ist so absurd daran, nach dem *Warum*, *Woher* und *Wohin des Ganzen* zu fragen? Warum gestehen Sie den Mythen nicht jenen Läuterungsprozess durch Falsifikationen zu, den Sie den Naturwissenschaften zugestehen? Es könnte ja sein, dass sich irgendwann einmal ganz neue Perspektiven ergeben, ähnlich der »Raumzeit«, die sich vor Einstein auch kein Naturwissenschaftler vorstellen konnte.

Was macht Sie so sicher, dass dieses Spektakel »Universum« nicht doch von irgendeiner Macht inszeniert wird, zur Ergötzung, zur Unterhaltung, zum kreativen Spiel – gleichsam »fraktal« im Großformat – so wie wir Menschen diese Mixtur aus schönen und schrecklichen Ereignissen »inszenieren« und die faszinierende Mischung aus Realem und Fiktivem tagtäglich in der Kunst und in den Nachrichten genießen? Bleiben Sie offen, entspannt! Wissen Sie mit Ihrem Erfahrungshorizont, was alles in Zukunft noch möglich sein wird? Verzichten Sie auf die *»Entlarvung des ›realen Unsinns‹, der sich hinter den religiösen Sinnkonstruktionen verbirgt«*. Im Zweifelsfall sollte man vielleicht doch, worüber man nichts weiß, schweigen.

Mit dem *»Sparsamkeitsprinzip des wissenschaftlichen Denkens«* können Sie die Nichtexistenz jenes *»imaginären Alphamännchens«* auch nicht beweisen. Das aber sollte Ihnen als einem Anhänger des Naturalismus zu denken geben: die Natur ist alles andere als »sparsam«. Im Gegenteil! Weder in der Vielfalt der Ästhetik noch im quantitativen Einsatz z.B. der Spermien und Pollen »spart« sie. Ganz zu schweigen von der gigantischen »Verschwendung« von Materie und Energie im Universum dank Milliarden von Galaxien mit ebenfalls Milliarden von Sternen.

Die Wissenschaften und insbesondere die Mathematik als deren reinste Vertreterin versuchen, reduktionistisch das Weltengeschehen auf eine möglichst einfache, abstrakte Formel zurückzuführen. Für mich hieße diese Formel oder »Metastruktur« der Wirklichkeit »Polarität«. In der »Selbstrealisierung« differenziert sich jedoch diese Wirklichkeit in eine unendliche, gewiss nicht sparsame Vielfalt, womöglich endend in der Entropie, falls sich der Vorgang nicht z.B. mittels dunkler Materie umkehrt und wieder auf jenen scheinbar einfachen Zustand des Urplasmas hinbewegt, um von dort aus wieder von Neuem zu beginnen. Ein pulsierendes Weltall – auch das eine mögliche Variante von »Polarität«.

Was bleibt vom *»imaginären Alphamännchen«*? Ja, dieser Gott *ist*, *könnte* eine imaginäre Projektion *sein*. Imagination geht immer über die Realität hinaus, wie übrigens auch Evolution immer über die gegenwärtige Realität hinausgeht, sie »transzendiert«. Diesem Drang, sprich: Neugier, nachzugeben, nach dem »Besseren« und »Höheren« zu streben, Neues zu imaginieren, ist menschlich. Hätte sich Homo sapiens von Anfang an der Zufriedenheit mit den Realitäten hingegeben, dann wäre er tatsächlich ein *»affenartiges Säugetier auf zwei Beinen«* und »auf den Bäumen« geblieben. Seine Imaginationskraft hat seine Evolution vorangetrieben, auch wenn sie ihn bisweilen in die Irre führte.

Ethik ohne Gott (S. 65 ff.)

Zum Thema *Ethik* wäre vorweg zu sagen: Wer wie Sie den »freien Willen« leugnet dank der Allmacht des limbischen Systems, kann sich den Entwurf einer Ethik sparen. Denn, was nützen alle ethischen Einsichten und Appelle, alle »kategorischen Imperative«, wenn sich der Mandelkern nicht darum schert und die Entscheidungen diktiert. Ein Ethikkatalog – Sie entwerfen in gut mythischer Tradition am Ende einen in »Zehn Angebote« abgewandelten »Dekalog« – macht nur Sinn, wenn Sie dem Präfrontalen Cortex mittels Training, d.h. Einübung ethischer Einsichten und Wertvorstellungen, ehemals »Gewissensbildung« genannt, eine Chance geben, sich vom Diktat des Mandelkerns wenigstens ansatzweise zu befreien, was wiederum bedeutet, dass Sie Homo sapiens fortgeschrittenen Stadiums wenigstens einen »Hauch« *Freiheit, d.h. bewusster Entscheidungsmöglichkeit* zugestehen.

»Kein noch so verkommenes Subjekt unserer Spezies hat jemals derartig weitreichende Verbrechen begangen, wie sie vom Gott der Bibel berichtet werden!« Sie spielen auf *Sodom und Gomorrha* und die *Sintflut* an. Ersetzen Sie den Gott der Bibel durch Ihren »Nachfolgegott« Natur, vergleichen Sie die biblische Sintflut mit jenem Tsunami in Fernost, vergleichen Sie Sodom und Gomorrha mit Pompeji. Ob Sie diese Geschehnisse – Sie nennen sie *»Verbrechen«* – wie unsere Vorfahren in eine mythische Erzählung verwandeln oder sie sachlich dokumentieren, erbarmungslos sind beide verursachenden »Mächte« oder »Götter«. Ist die Natur ein »verkommenes Subjekt«?

Den alttestamentlichen Gott auf *»Sadismus«* und die *»Ausrottung ganzer Völker«* zu reduzieren ist eine extreme Zuspitzung. In frühen Zeiten war die Vernichtung des Feindes selbstverständlich, das hatte wenig mit Religion zu tun, auch wenn man die Kriege mit einem religiösen Heiligenschein zu verbrämen suchte. Jede Kultur hatte ihren Gott oder ihre Götter, die ähnliches erwarteten oder versprachen. Und die säkularen »totalen« Kriege der Neuzeit unterscheiden sich keineswegs von den religiös umflorten Vernichtungsfeldzügen. Im Gegenteil. Dank der technischen Effizienz waren und sind sie grausamer als alle vorigen. Nicht der Gott des Alten Testaments ist schuld an den Grausamkeiten der Geschichte. Er entsprang nur der Wunschphantasie eines relativ unbedeutenden, schwachen, von mächtigeren Völkern bedrohten Nomadenvolks, das sich zur Stärkung seines Selbstbewusstseins von seinem Gott »auserwählt« fühlte und natürlich vom Sieg über seine Feinde träumte.

Sie sollten den Gott des Alten Testaments nicht dämonisieren. Vergleichbare Droh-, Wunsch- und Bestrafungsphantasien finden Sie in allen frühen Kulturen, von Amerika bis Asien. Von einer Sintflut berichtete z.B. auch das Gilgamesch-Epos. Die Götter der Azteken und Mayas, die das bei lebendigem Leib herausgerissene, noch schlagende Herz des Geopferten forderten, der Gott Shiva der Inder, als Gott der Zerstörung, und die Dämonen und Götter der anderen Kulturen, verehrt und gefürchtet bis in unsere Zeit, waren und sind nicht harmloser oder liebenswerter als jener Gott Jahwe.

»... ein pazifistisch anmutender Gott der Nächstenliebe aus der theologischen Mottenkiste hervorgezaubert...« Diese Bemerkung ist Ihr vielleicht gröbster Fauxpas in der Beurteilung des Christentums. Entweder kennen Sie den Unterschied zwischen Altem und Neuem Testament nicht oder Sie wollen ihn nicht wahrhaben, weil er zu Ihrer pauschalen Verdammung der Religion nicht passt.

Jener Jesus, und das sollten Sie positiv zur Kenntnis nehmen, leitete durch seine *horizontale Blickrichtung auf den »Nächsten«* auf Kosten der *vertikalen, gottbezogenen Frömmigkeit* – durch seine *Gleichsetzung von Gottes- und Nächstenliebe* – ungewollt und unbewusst die *Säkularisation* ein. Das ist nicht »theologische Mottenkiste«, das war der *revolutionäre Bei-*

trag des Jesus von Nazareth innerhalb der Mythengeschichte, auch wenn er geschichtsbedingt noch im Bild von seinem »Vater im Himmel« und einem »jenseitigen Reich« verfangen war. Diese Leistung sollten Sie ihm neidlos zugestehen. Übrigens, gerade auch weil er in diesem entscheidenden Aspekt in Konflikt zur damaligen religiösen Elite geriet, musste er sterben.

Ja, es gibt auch innerhalb der Mythengeschichte eine »Evolution«. Wenn Sie daran interessiert sind, statt rigider Konfrontation Brücken zu bauen, dann knüpfen Sie an die Botschaft jenes Wanderpredigers an. Natürlich ist dessen geforderte undifferenzierte »Nächsten- und Feindesliebe« das absurde, utopische Gebot eines »Hyperempathikers«. Warum sollte ich den Nächsten, jeden Nächstbesten lieben? Weil jedermann geliebt werden will, hat jene vage Nächstenliebe seine Gloriole bis heute nicht verloren.

Auch Sie merken vermutlich nicht einmal, dass Sie mit Ihrer humanistischen Ethik der »allgemeinen Menschenliebe« gar nicht so weit von jenem alles überstrahlenden »Gebot« entfernt sind. Sie sollten sich in der Auseinandersetzung mit dem Christentum nicht allzu sehr an dem Gott des Alten Testaments abarbeiten. Diesem Gott hatte schon jener Jesus in entscheidenden Punkten widersprochen: »Euch wurde gesagt... *ich aber sage euch...*« Ansonsten kämpfen Sie gegen Windmühlen.

Alte Werte – neue Scheiterhaufen? (S. 69 ff.)

Ihrer Beschreibung des Kampfes um die Menschenrechte gegen den Widerstand der Kirche, und Ihren Bedenken, was die Zukunft betrifft, stimme ich ohne jeden Einwand zu. Kompliment!

Kant versprach den ›ewigen Frieden‹ – gekommen ist Auschwitz… (S. 83 ff.)

Den Nationalsozialismus würde ich trotz der Ähnlichkeit, den Anleihen aus der Religion und dem Ziel der Judenvernichtung nicht so stark mit dem Christentum in Verbindung bringen. Das Bedürfnis eines gedemütigten Volkes, das sein *»Heil in der bedingungslosen Akzeptanz neuer Mythen suchte«* lässt sich auch aus dem oben beschriebenen natürlichen, evolutionsbedingten Bedürfnis nach etwas »Besserem« und »Höherem« herleiten. Das in Ihren Augen vermutlich fatale Bedürfnis, *»der Last seiner Freiheit zu entfliehen und sich… in Abhängigkeit und Unterwerfung zu begeben«*, dürfte einen anderen Grund haben.

Woher stammt denn wohl diese »affenartige« Selbstunterwerfungslust? Von unseren Vorfahren, den Primaten? Ist sie womöglich »natürlich« und unüberwindbar? Ein Problem für jeden »Naturalisten«. An diesen und ähnlichen Naturmechanismen dürfte so manche Ethik und deren »metaphysischer« Versuch, eine »bessere« Welt und ein schon fast »übernatürliches« Verhalten des Menschen zu postulieren, scheitern. *Macht und Unterwerfung, Selbstunterwerfung –* nur *eine* jener natürlichen polaren Kategorien, die sich per Utopie wohl kaum abschaffen lassen. Die Wirklichkeit dürfte stärker sein als alle utopischen Entwürfe, als alle »kategorischen Imperative«.

»Die Realität hat sich… als geheimnisvoller und großartiger herausgestellt…« und nach R. Dawkins: *»Das Gefühl des ehrfürchtigen Staunens…«* Hier werden Sie zum ersten Mal »klein« und »unsicher« gegenüber der unbegreiflichen Realität. Sie merken doch hoffentlich, dass Sie mit diesen Äußerungen dem Weltengeschehen, entgegen Ihrer Zufallsthese, auch

wenn Sie sein »Geheimnis« nicht enträtseln können, einen »Sinn« einhauchen und sich mit Ihrem *»ehrfürchtigen Staunen«* im Dunstkreis religiösen Empfindens bewegen?

Ehrfurcht verlangt fast so etwas wie ein personales Gegenüber. Sie impliziert »Verehrung«, gepaart mit der »Furcht« vor etwas Höherem oder einem größeren Ganzen, eine Emotion also, die gerne mit religiösem Empfinden verbunden wird. Sie gehört wie die »Ergriffenheit« gegenüber dem »Erhabenen«, z.B. in Werken der Musik, zu den Gefühlen, die manchen Skeptiker oder Ungläubigen unsicher werden lassen, ob es da nicht doch jemanden gibt, vor dem man sich niederwerfen und den man verehren sollte. Ja, vermutlich ist es die genetisch einprogrammierte Ehrfurcht vor dem »Pascha« und vor überwältigenden, ehemals nicht erklärbaren Phänomenen, die da überhöht wird.

Zu Ihrem finalen Brückenschlag von der *»weltlichfreundlichen Ethik«* Epikurs zu Ihrem monistischen *»biologischen Prinzip«*, dem *»Eigennutz als dem eigentlichen Motor der menschlichen Geschichte«* kann ich nur, mich wiederholend, sagen: Ich habe ein Problem mit »Prinzipien«, mit dem von Monisten beschworenen »Einen« als dem »Eigentlichen«, dem »Primat« des einen Aspekts über seinen antagonistischen Gegenspieler; ebenso mit einfachen Antworten auf komplexe, speziell »polar strukturierte« Fragestellungen. Die Wirklichkeit stellt sich mir anders dar als beherrscht von »einfachen Prinzipien«.

Der Geist ist willig, das Fleisch ist schwach?
(S. 93 ff.)

Vielleicht sollten wir erst einmal auf die von Ihnen betonte Differenz von *Ethik* und *Moral* verzichten.

Denn um die »Sitten« oder eine »Sittenlehre« geht es allemal, egal ob man sich auf das Lateinische, auf »mores«, oder auf das Griechische, auf »ethos« bezieht. Ja, »Ethik« klingt cooler als »Moral«, nicht so zeigefingermäßig »moralisierend« nach Verpflichtung, Verfehlung, Schuld und schlechtem Gewissen. »Ethik« klingt freundlicher, softiger, nach Empfehlung, nach »Angeboten« statt Geboten. Auf den Begriff »unethisch« lässt es sich allerdings kaum verzichten, und dessen Unterschied zu »unmoralisch« zu erklären dürfte ziemlich schwierig sein.

Dass evolutionäre Humanisten ihre *»Werte nicht aus der Natur schöpfen«* erscheint mir mehr als merkwürdig, zumal sie doch als »Naturalisten« die Natur als *einzigen Urgrund* definieren und sich nur ihr gegenüber verpflichtet fühlen. Woher, wenn nicht »aus der Natur« sollten die Werte denn stammen? Von einem anderen Stern? Woher stammt die hoch gelobte Vernunft? Sind wir nun »affenartig« oder nicht? Wenn man schon genüsslich die Verwandtschaft mit allerlei Getier argumentativ heranzieht, dann bitte nicht nur, wenn es in das eigene Konzept passt!

Übrigens, Ihre ethischen Grundwerte können Sie, sofern Sie keine Ideale postulieren, durchaus aus der Natur des Menschen beziehen, indem Sie eben nicht nur auf den Eigennutz, sondern auch auf dessen natürliche Gegenpole, auf Empathie und Kooperationsbereitschaft setzen. In einem späteren Kapitel tun Sie das. Die Masse Ihrer Mitmenschen bewegt sich auch ohne Appelle und ethisches Korsett durchaus auf einem »anständigen«, humanen Niveau. Sie sollten Ihr Misstrauen gegenüber der Natur überdenken. Mit Extremen und Exzessen jeglicher Art werden Sie, siehe später das Thema »Maß und Mitte«, leben müssen.

Ihr Konflikt zwischen Ihrer ethisch hochwertigen *»naturalistischen Sicht«* und den biologisch begründeten, Ihrer Meinung nach minderwertigen *»naturrechtlichen Konzepten«* z.B. der Religionen ist ein Scheinkonflikt. Auch Ihr Ziel einer besseren, humaneren Gesellschaft muss sich mit Blick auf die Möglichkeit seiner Verwirklichung letztendlich an der »Natur des Menschen«, die ihre Rechte fordert, messen lassen. Spätestens dann werden Sie merken, ob Sie eine »natürliche« oder eine »übernatürliche« Ethik entworfen haben. Ob all diese »metaphysischen« Versuche, eine »bessere Welt« zu erschaffen, Erfolg haben, steht in den Sternen, darf bezweifelt werden.

Ein paar Anmerkungen zum Thema *Sexualität*, das Sie sehr ausschweifend behandeln. Dass die von Ihnen beargwöhnten *»Naturrechtler«* nicht nur *»kausal«*, sondern auch *»final«* denken und *»Ziele«* der Natur konstatieren, erscheint mir nun nicht so abwegig. Die Natur kennt Ziele, verhält sich zumindest in den geordneten Systemen ausgesprochen zielgerecht. *Ziel der Sexualität* z.B. dürfte doch die *Fortpflanzung* sein, auch wenn es auf diesem Gebiet allerlei »Ausrutscher und Launen« in der Natur gibt. Ja, es gibt auch offensichtlich »Zielloses«, ebenso wie »Sinnloses«, oder sagen wir: »seines ursprünglichen Ziels beraubtes« Verhalten. Dieses Mit- und Gegeneinander macht »Polarität« aus, gibt den Begriffen erst ihre Bedeutung, ansonsten könnten wir die Kategorien *Ziel* und *Sinn* aus dem Wörterbuch streichen.

Wenn man aus gut gemeinten Gründen der Toleranz und wertfreier Betrachtung alles, was es in der Natur gibt, eben *weil* es das gibt, für »natürlich« und »normal« hält, dann schafft man die Begriffe »unnatürlich« und »unnormal« ab, die ihrem Gegenpart erst ihren Sinn geben. »Natürlich« bezieht sich in der allgemeinen Vorstellung und im Sprachgebrauch z.B. auf das Zusammenspiel von *Ausstattung, Funktion* und dem damit verbundenen *Zweck* oder *Ziel*. Ich brauche das, denke ich, am Thema *Geschlechter, Geschlechtsorgane* und *Fortpflanzung* wohl nicht auszuführen.

Der Begriff »normal« leitet sich von dem *statistisch Überwiegenden* ab, das dann zur »Norm« erklärt wird. Als »anormal« gilt, was aus diesem Raster fällt. Wie eine Gesellschaft mit »natürlich« und »unnatürlich«, mit »normal« und »anormal« umgeht, ob sie auf der Einhaltung einer Norm besteht, ist eine andere Sache. Ganz ohne Normen dürfte sie jedoch in jene »Beliebigkeit« abdriften, vor der Sie des Öfteren warnen.

Am Beispiel *Homosexualität*. Sie haben recht, die gibt es auch bei *»Würmern, Eidechsen...«* und allerlei Getier bis hinauf zu den *»Primaten«*. Alle Launen der Natur, die aus einer gewissen Experimentierfreudigkeit entstehen, könnte man in jenem weiten, undifferenzierten Begriffsverständnis als »natürlich«, weil »in der Natur vorkommend« bezeichnen.

Warum sich frühe Gesellschaften mit der Homosexualität schwer taten, dürfte wohl auch daran liegen, dass der Fortbestand der Gruppe, ihre Fixierung auf die Fortpflanzung sie skeptisch bis ablehnend gegenüber Praktiken werden ließen, die ganz offensichtlich dem biologischen Fortpflanzungskonzept widersprechen. Als »natürlich« wurde instinktiv definiert, was unseren Vorfahren als biologisch einleuchtend und statistisch normal, d.h. überwiegend und biologisch erfolgreich erschien. Alles andere musste in den frühen, überlebensgefährdeten Gesellschaften moralisch verworfen, unterbunden werden. Dass die moderne Gesellschaft das gelassener und toleranter sieht, liegt vielleicht auch daran, dass wir uns in unserem Fortbestand nicht mehr so bedroht fühlen wie unsere Vorfahren. Wir können uns, salopp gesagt, eine breitere Vielfalt, eine Sexualität ohne Fortpflanzungszwang leisten.

In Ihrer Argumentation taucht immer wieder ein merkwürdiger Widerspruch auf. Zum einen bringen Sie zur Begründung und Rechtfertigung menschlichen Verhaltens Beispiele aus dem Tierreich, wobei ich sage: »Jeder suche sich das Tier aus, das zu ihm passt« – zum anderen meinen Sie zu wissen, *»welche Katastrophen wir heraufbeschwören würden, wenn wir natürliche Verhaltensweisen unreflektiert zu ethischen Prinzipien erheben würden«*. Als abschreckende Beispiele nennen Sie den *»Kindsmord«* und die *»Vergewaltigung«*, die nun wahrlich nicht Alltag in der gesamten Tierwelt sind. Mit Extrembeispielen kann oder sollte man nicht argumentieren.

Zuerst stellen Sie sich großzügig auf die Seite der Natur, dann wiederum, wenn es um die Ethik geht, machen Sie Rückzieher, dann erscheint Ihnen die Natur geradezu monströs. Mir scheint, Sie haben ein gespaltenes Verhältnis zur Natur. Was ist an den *»natürlichen Verhaltensweisen«* so *»katastrophal«*? Warum Ihr Misstrauen gegenüber der Natur, die Sie doch als einzigen Urgrund allen Seins betrachten? Verhält sich Homo sapiens innerhalb seiner Art und gegenüber den anderen Arten wirklich anders als seine natürlichen Verwandten? Könnte er das überhaupt, selbst wenn er es wollte? Erinnert nicht sein Verhalten, wenn auch in sublimeren und differenzierteren Varianten, »fatal« an alle Verhaltensformen der vormenschlichen Natur?

Wenn man ihn als vorläufiges Endglied, als Summe oder »Krone« der Evolution sieht, sollte das nicht verwundern. Der Mensch *ist* Natur!

Und was den Eigennutz betrifft – das von Ihnen beschriebene, für den Menschen beispielhafte(?) *»Vogel-Männchen/-Weibchen-Sexualverhalten«* dient nun auch nicht gerade als Beleg des *»biologischen Prinzips des Eigennutzes«*. Sie könnten oder müssten es eher dem »Arterhaltungsnutzen« als dem »Eigennutzen« zuordnen. Sein Erbgut per Spermien an möglichst viele Partner weiterzugeben oder die Eizelle dem »besten Männchen« vorzuhalten, das klingt eher nach einprogrammierter Arterhaltung und -optimierung als nach hedonistischem Eigennutzen.

Und zum Thema *Monogamie*. Ja, Homo sapiens ist polygam, hat zumindest polygame Lüste, dafür brauchen Sie nicht die diversen Tierarten heranzuziehen. Die Monogamie, die ja auch gelingen kann, halte ich eher für ein zivilisatorisches Ordnungs- und Demokratisierungselement – jedem Männchen sein Weibchen! – als für »naturgegeben«. Gesellschaftsmoral versucht nun einmal, »Ordnung und Frieden« zu schaffen. Früher geschah das mitunter drakonisch, mit mythischen Strafandrohungen, heute sehen wir das etwas lockerer. Die Grenzen zwischen »erlaubt« und »verboten« verschwimmen immer mehr.

Auf eine moralische Verurteilung oder Bewertung der »sexuellen Orientierung« verzichtet die moderne Gesellschaft schon länger. An dem *stabilisierenden Konzept* der Festlegung von Rechten und Pflichten, an der Förderung juristisch festgezurrter Paarbindungen per Steuerprivilegien u.ä. hält sie jedoch aus eben jenem Vorteil der »geordneten Verhältnisse« immer noch fest. Unverheiratete Paare sind geradezu rechtlos gegenüber verheirateten. Der emotionalen, auf Freiheit und Freiwilligkeit bauenden Bindung eines Paares traut der Staat nicht.

Die *Ordnungsprinzipien* wurden von den *moralischen Prinzipien* getrennt und werden nur noch *funktional* definiert. Moral oder Ethik werden außen vor gelassen. Nur in extremen Fragestellungen, wie z.B. Leihmutterschaft, Gentechnik und Sterbehilfe, wird ein »Ethikrat« hinzugezogen. Da wird dann auch von »Gewissensentscheidungen« gesprochen.

Nebenbei bemerkt, mir fällt auf, Sie sind in Ihren Überlegungen sehr stark auf das Thema *Sexualität* fixiert, vermutlich weil Sie Ihr Feindbild *Religion* dazu förmlich und zu Recht herausfordert. Wo bleibt jedoch die Auseinandersetzung mit dem *Aggressionstrieb*, der das menschliche Überleben vermutlich stärker als die Sexualität bestimmt?

Wie geht Ihre Ethik mit dem natürlichen, »eigennützigen« Antrieb um, sich in der Rangordnung nach oben zu arbeiten bzw. zu kämpfen, sich Vorteile zu verschaffen, Macht auszuüben? Ist das alles unethisch und »des Teufels«? Würde eine Gesellschaft ohne diese Antriebe überhaupt funktionieren, wäre sie überlebensfähig? Wo in Ihrem Manifest sagen Sie etwas zu Krieg und Kriminalität?

Wie gehen Sie mit dem antagonistischen Widerspruch von *Empathie* und *Selbstabgrenzung*, der gerade derzeit durch das Flüchtlingsproblem sichtbar wird, um? In Ihrer »Mitleids-Ethik«, die stark darauf fixiert ist, das *»Leiden zu mindern«*, vermisse ich Antworten auf Fragen, die mit dem Aggressionstrieb in seiner negativen *und* positiven Ausprägung zu tun haben und ethischer Überlegungen wert wären, z.B. die provokante Frage: Wieviel »Mitleidlosigkeit« ist erlaubt, zum eigenen Überleben vielleicht sogar nötig und erwünscht?

Ihr »Fairnessprinzip«, das hin und wieder auftaucht, würde in diesem Zusammenhang ziemlich blass wirken. Der Begriff »Interessenkonflikte«, den Sie ebenfalls gerne benutzen, spielt die Dynamik menschlicher Konflikte sprachlich ebenso verharmlosend herunter. Rechte durchzusetzen, sein Ich gegen Übergriffe zu verteidigen – da muss oft mit »härteren Bandagen« gekämpft werden, da kommen Sie mit Ihrem Fairness-Appell nur zu oft nicht weiter.

Vermutlich klammern Sie das Thema *Aggression* aus, weil Sie ahnen, dass »Fairness«, freiwilliger Verzicht zugunsten eines Artgenossen oder einer anderen Art in der Natur kein wirklicher Wert ist. Und da oder solange Sie den Menschen gerne in die Nähe der »Affenartigen« verorten, müssen Sie um die Überzeugungskraft des »Fairnessprinzips« bangen. Als Naturalist kann man leicht in die Bredouille geraten, es sei denn, man entwirft für den Menschen »Sonderregelungen« und setzt ihn »ethisch« von seinen tierischen Verwandten ab. Und das versuchen Sie in der Tat.

Noch einmal, Ihre Unterscheidung zwischen *Moral* und *Ethik* halte ich für sinnlos. Ob eine Gesellschaftsmoral, die immer aus dem Empfinden und den Wertvorstellungen der jeweiligen Gesellschaft entsteht und als »Gewissen« per Erziehung implantiert wird, nun *transzendental* oder *säkular*, *»vernünftig«* begründet wird – es kommt immer auf das Gleiche heraus. Es ist der Versuch, die »Sitten« zu regeln, ihnen eine bestimmte Richtung zu geben. Dass sich die Gewichte innerhalb der Mythen- und Moralgeschichte von den primitiven Instinkten in Richtung vernünftigen Nachdenkens verschoben haben, dürfte der Evolution des unfertigen menschlichen Bewusstseins zu verdanken sein. Auch da wäre ein gewisses Verständnis für das instinktgeleitete mythische Denken unserer Vorfahren angebracht, das sich redlich Mühe gab, das menschliche Zusammenleben zu regeln.

Ob die *Vernunft* nun aber wirklich »jenseits« und »über« den elementaren natürlichen Antrieben und Instinkten steht, »frei schwebt« und nicht doch deren »heimlicher Diener« ist, und ob die fortgeschrittene Ethik oder Moral von Homo sapiens womöglich doch nur Abbild des vormenschlichen Verhaltens in etwas raffinierterer, sublimerer Form darstellt, darüber darf nachgedacht und gestritten werden. Als monistischer Gegner des »Materie-Geist-Dualismus« müssten Sie gegenüber einem solchen ethischen »Natur-Kultur-Dualismus« eigentlich größte Zweifel hegen.

Auf ein ganz heißes Pflaster begeben Sie sich mit dem Entwurf einer *Ethik* und der gleichzeitigen Leugnung des *»freien Willens«.* Wenn Sie »gut« und »böse« ableugnen, schaffen Sie »Schuld und Sühne«, eine der urmenschlichen Kategorien ab, die in der von Ihnen gepriesenen Kunst in zahllosen Varianten durchgespielt wurde und noch wird. *»Fair«* und *»unfair«* als Ersatz für *»gut«* und *»böse«* wirken ziemlich vage, blass, blutleer. Damit können Sie ein Sportereignis kommentieren, aber kein Drama gestalten, keine »Untat« bewerten. Ein kalt geplantes Verbrechen als einen »unglücklichen Interessenkonflikt«, als einen »unfairen« Akt zu beurteilen, dürfte leicht untertrieben wirken. Dagegen sträuben sich dem Normal-Sterblichen sämtliche Nackenhaare.

Und wenn Sie echte, »gewissenlose«, nur ihrem Eigennutz frönende Bösewichter, z.B. Mörder, Einbrecher u.ä. zum bedauerns- und womöglich bemitlei-denswerten Opfer ihres limbischen Systems ohne jede mögliche Kontrolle durch den »Präfrontalen Cortex« stilisieren, dann müssen Sie auch gleich urmenschli-che Emotionen wie *Zorn, Empörung, Sühneverlangen, Verachtung, Abscheu, Hass* abschaffen. Diese Gefühle wären nämlich gegenüber bedauernswerten Opfern ihres Unbewussten nicht angebracht. Die instinktive, natürliche Gefühlsskala würde unter solcher Betrach-tung an Breite verlieren, sie würde weichgespült, kas-triert. Diesen nach Ihren Kriterien »ethisch fragwürdi-gen«, weil nicht berechtigten Emotionen vertrauen, sie womöglich zulassen, das muss einem coolen Rationa-listen, der den »freien Willen« und das »Böse« leug-net, schon ziemlich schwer fallen.

Dass *»für Moralisten die menschlichen Bedürfnis-se selbst das zentrale Problem darstellen, das über-wunden werden muss«,* mit dieser Behauptung schie-ßen Sie über das Ziel hinaus. Keine »Moral« versucht menschliche Bedürfnisse zu *»überwinden«.* Zwischen der *Überwindung* und der *Zähmung* der menschlichen Bedürfnisse, die übrigens den *Prozess der Zivilisie-rung* des Homo sapiens ausmacht, sollte man schon unterscheiden. Und wenn Sie die von den Moralisten angeblich *»herbeigeträumte besondere Seelensphäre«* durch den etwas nüchterneren Begriff »Gewissen«, beheimatet im Cortex, ersetzen – Freud würde es das »Über-Ich« nennen –, dann sind Sie schon ganz nahe an jenem *realen Ort* oder jener *»Sphäre des Geistes, des Bewusstseins«,* der auch Sie mittels Ihrer ethi-schen Überlegungen zu Leibe rücken und deren Ent-scheidungen Sie zu beeinflussen suchen.

Worin unterscheiden sich Ihre ethischen Beschwö-rungen und Empfehlungen bis hin zum »kategorischen

Imperativ« von den Beschwörungen traditioneller Moralisten? Auch Sie bauen auf die Möglichkeit eines Entscheidungsspielraums, auf eine »besondere Sphäre«, die sich sogar über die in Ihren Augen »fragwürdigen« Mechanismen der Natur hinwegsetzen soll. Ihre Ablehnung des »*Körper-Geist-Dualismus*«, den ich mit »*Materie-Geist-Polarität*« ersetzen würde, konterkarieren Sie damit ungewollt. Sie entwickeln so etwas wie einen »*Natur-Ethik-Dualismus*«, die Trennung des *ethischen* von *natürlichem Verhalten*.

Ich bleibe dabei. Vielleicht sollten Sie dem Menschen im Spannungsfeld zwischen Mandelkern und Cortex, zwischen der Macht der unbewussten Ängste und Wünsche und dem hohen Anspruch bewusster Entscheidungen und Wertvorstellungen wenigstens einen »Hauch Freiheit« zugestehen. Ansonsten können Sie Ihr Ethik-Projekt getrost an den Nagel hängen.

Ihr Schlussakkord dieses Kapitels, der gebetsmühlenhaft vorgetragene *»Eigennutz... als Grundprinzip des Lebens und damit auch die Quelle aller Kreativität, Freundschaft und Liebe«* – ich fürchte, Sie verstehen nicht, dass bei diesem überschwänglichen Lobgesang einem polar geschulten Bewusstsein nur Kopfschütteln bleibt. Damit können Sie vielleicht bei eingefleischten Optimisten und Monisten punkten. Der Eigennutz ist ja wohl *auch* die *Quelle aller Kriminalität, Rücksichtslosigkeit und ungebremsten Machtstrebens* – Antriebe, die nicht unbedingt das »kreative«, »freundliche« Miteinander einer Gesellschaft absichern. Indem Sie später den *»Eigennutz in den Dienst der Humanität stellen«*, relativieren Sie ihn, Gott oder der Natur sei Dank! ja wieder. Dieser Spagat hat dann doch etwas Versöhnliches. Sie hätten ihn sich ersparen können, wenn Sie den Eigennutz nicht zuvor als oberstes *»Grundprinzip«* verabsolutiert hätten.

Den Eigennutz in den Dienst der Humanität stellen (S. 106 ff.)

In diesem Kapitel kommen Sie endlich einmal vom Thema *Religion* weg und befassen sich mit den *ökonomischen*, man könnte auch sagen: *»säkularen« Heilslehren*, wobei Sie den Kommunismus kritischer beurteilen als den Kapitalismus, die Marktideologie. Der Kommunismus scheiterte nicht nur am Aufbau einer diktatorischen, *»zentralisierten Staatsmaschinerie«*, sondern an der utopischen, »unnatürlichen« Idee der *Gleichheit*, die von den Eliten dieser Ideologie, ähnlich wie im Christentum, zu ihren Gunsten pervertiert wurde.

Die Menschen sind nicht »gleich«, sie wollen es nicht sein. Sie streben nach Privilegien und einer möglichst hohen Stellung in der Rangordnung. Diese elementaren Antriebe können Sie auch mit Ihren Appellen an die »Fairness« kaum zügeln. Daran scheitern auch die gut gemeinten, aber utopischen »Allgemeinen Menschenrechte«, wenn sie verkünden, alle Menschen seien »von Geburt an gleich…«.

»Gleichheit vor dem Gesetz« – eine löbliche, aber oft genug pervertierte Forderung. »… von Geburt an gleich an Würde und Rechten«? – eine Illusion. Hier ist offensichtlich der fromme Wunsch Vater des Gedankens. Ungleichheit per ungleicher *Gene* und *Geschichte* ist eine der bitteren Realitäten der Natur.

»Das eigennützige Streben des Einzelnen ist nach Smith die beste Voraussetzung für das Wohl Aller«. Sie müssten dieser These eigentlich ohne Wenn und Aber zustimmen. Deshalb gehen Sie auch relativ mil-

de mit dem Kapitalismus um. Doch dann kommen Ihnen plötzlich Bedenken und Sie sprechen von *»ernst zu nehmenden Gefahren«*. Sollten da zum erfolgreichen Überleben und zum *»Wohle aller«*, wie bei anderen Hordentieren, etwa doch noch »uneigennützige« Instinkte notwendig sein und aktiv werden? Hier beginnen Sie zu stolpern und zu schweigen.

»Evolution als »Zickzackweg auf dem schmalen Grat des Lebens...« inklusive *»Rückgang von Komplexität«?* Mir ist kein Vielzeller bekannt, der sich in Richtung Einzeller zurückentwickelt hätte. Bei allen Zickzack- und Seitwärtsbewegungen – die große Zielrichtung der Evolution in Richtung Differenzierung und Komplexität wird beibehalten. Der Untergang von Arten dürfte an den veränderten Lebensumständen, an unangepassten Exzessivbildungen und – im Bereich der Kulturen – an einem elementaren Vitalitätsverlust per Dekadenz, per »Überfeinerung« des Lebens gegenüber primitiveren, robusteren, vitaleren und vielleicht auch aggressiveren Kulturen liegen.

Wie Sie den marktbedingten Skandal der *»katastrophalen Ungleichverteilung von Macht und Reichtum«* und Ihr Loblied auf den Eigennutz – der Konzerne, Manager, Eliten und eines jeden, der die Chance eines Vorteils für sich sieht –, unter einen Hut bringen wollen, bleibt Ihr Geheimnis. Und warum sollte man unter dem Aspekt eines auf *Hedonismus* geeichten Eigennutzes die Lasten nicht in die Zukunft verschieben? *»Eigennutz«* und *»Verantwortung«* sind gewiss kein harmonisches Paar. Die einzige auf Freiwilligkeit beruhende Möglichkeit, dem ungebremsten Eigennutz zu widerstehen, ihn in Form eines *Verzichts* zu relativeren, wäre neben der Reanimierung der Empathie die etwas altmodisch anmutende Tugend *Klug-*

heit. Doch Klugheit ist gewiss nicht die Stärke des kapitalistischen Systems und seiner »Märkte«.

Alles, was Sie *»aus ethischen Gründen«* an heroisch uneigennützigem Verhalten ins Feld führen, um eben gerade die Existenz einer Gesellschaft, also die Zukunft zu sichern, widerspricht der These von dem *»Eigennutz als oberstem Überlebensprinzip«*. Ohne »Existenzrecht« des antagonistischen Gegenpols, der *altruistischen Antriebe*, kann das Überleben einer Gesellschaft auf Dauer nicht gelingen. Nicht ohne Grund wird auch in der »Soziobiologie«, nicht in einer »Egobiologie« geforscht. Zum Trost sei hier jedoch festgestellt: trotz unserer spekulativen Differenz über »Prinzipien« kommen wir in der Praxis zu dem gleichen Ergebnis, zu der Balance zweier Gegenpole.

»Unsere Aufgabe besteht darin... dass der Eigennutz der Individuen... in humanere Bahnen gelenkt wird.« Sie machen nicht einmal den *»Versuch einer Skizze«*, wie dies zu bewerkstelligen sei. Vermutlich müssten Sie einsehen oder zugeben, dass Eigennutz als »eigentliches« und »oberstes« Lebensprinzip inhuman ist. Zum Glück – und das behaupte ich mal locker – hat der Mensch auch uneigennützige, soziale Instinkte, s. Empathie und Kooperationsbereitschaft. Und diese sind – beim einen mehr, beim anderen weniger – sogar »naturgegeben«. Vielleicht sollten wir sie im Zeitalter des ungebremst auf *narzisstisch* und *autonom* getrimmten Individuums trainieren.

Bevor sich der globale Kapitalismus, bzw. die Marktideologie, wie alle Ideologien ad absurdum führt, sollte der Staat die Möglichkeit nützen, die Macht der auf konsequenten Eigennutz getrimmten Finanz- und sonstigen Märkte zum Wohle aller einzuschränken, sofern er diese Möglichkeit dank seiner

Abhängigkeit von den »Märkten« überhaupt noch hat. Wenn Sie sich auch als Anhänger von Smiths Thesen einer fundamentalen Kritik des Kapitalismus enthalten – die fragwürdigen Tricks und Marktmechanismen bis hin zu einer gewissen »*Verdummung*« der Gläubigen beschreiben Sie sehr gut. An diesem Thema habe auch ich mich ausführlich in den »Zarten Stacheln…« und im »Abschied vom Absoluten« abgearbeitet.

»Macht euch die Erde untertan«? (S. 120 ff.)

Ihre Begründung der Ethik jenseits von »*Würde*« oder »*Sittlichkeit*«, nur gründend auf »*Interessen von Konfliktparteien*« – das klingt nicht nur emotional unterkühlt, sondern auch armselig eindimensional. Ich weiß nicht, wie Sie mit der »Würde des Menschen« in den modernen Verfassungen und den »Allgemeinen Menschenrechten« umgehen, ob Sie sie nur als romantischen Schnörkel oder Verzierung eines eigentlich »*interessenfundierten, utilitaristischen Konzepts*« betrachten. Und dass eine Ethik, eine »Sittenlehre«, nichts mit »Sittlichkeit« zu tun haben sollte, dieses Statement erscheint mir merkwürdig bis rätselhaft.

Ihre eindimensionale Sichtweise passt zu Ihrer Fixierung auf die *Vernunft*. Und da geben Sie einem »*ausgewachsenen Pferd oder Hund*« schon einmal den Vorzug vor einem »*Kind, das erst einen Tag, eine Woche oder selbst einen Monat alt ist*«, weil sie »*unvergleichlich vernünftigere Lebewesen als ein Kind*« seien, weshalb Sie ihnen im Folgenden ein höheres Lebensrecht zugestehen. Eine dreiste, wahrhaft inhumane Zumutung! Dann machen Sie den Schwenk von der *Vernunft* zur »*Leidensfähigkeit*«, zu einer emotionalen Dimension. Ich frage Sie: Was sind eigentlich die »*Interessen der Angehörigen verschiedener Gat-*

tungen«? Können diese Interessen befriedigt werden, ohne einander Leid zuzufügen? Ich denke doch, das wichtigste Interesse ist das Überlebensinteresse. Und, Überleben in der Natur funktioniert nur und ist so programmiert nach dem Motto: »Töte, um zu überleben!« »Vegetarisch orientierte« Lebewesen »töten« Pflanzen, die bekanntlich auch Lebewesen sind. Und unsere tierischen Verwandten, auf die Sie sich so gerne beziehen, von den niedersten bis zu den Primaten, sind in ihren Tötungsstrategien gewiss nicht zimperlich. Sie können es sich auch nicht erlauben.

Ein Naturalist, der sich auf die Natur beruft und sich nur ihr gegenüber verantwortlich fühlt, sollte das zur Kenntnis nehmen, auch wenn ihm dieses Überlebensprinzip aus unterschiedlichen Gründen, z.B. aus einem überbordenden empathischen Empfinden für Tiere weh tut. Wenn er für den Menschen eine andere, höhere, quasi »übernatürliche« Sittlichkeit entwerfen will, dann muss er in der Tat die Transzendentalen mit ihrem Zeigefinger nach oben, in Richtung »Übernatur« beneiden. Diese haben es in dieser Hinsicht leichter. Sie verkünden ja seit jeher eine »höhere Moral«, jenseits natürlicher »Amoralität«.

Nebenbei bemerkt: Sie verbinden ethische Kriterien erst mit der Entwicklung des *»zentralen Nervensystems«* und der damit verbundenen Entstehung von Emotion, d.h. *»Leidensfähigkeit«*, und *»Vernunft«*, also mit der Dimension *Geist*. Wenn Geist nur eine Funktion der Materie ist, wie Materialisten behaupten, warum sollten da für ihn plötzlich »höhere« Kriterien gelten als für »geistlose« Lebewesen? Die Erfindung einer besonderen Ethik für den Menschen nach dem Vorbild der Religionen, mit ihrer Vorstellung: »gute Natur – böser Mensch«, klingt nach dem christlichen

Postulat einer »Zweiklassenschöpfung«. Was in der Natur erlaubt, gang und gäbe ist, darf für den Menschen nicht gelten. Die scheinbaren »Grausamkeiten« in der Tier- und Pflanzenwelt zählen nicht, werden weder ihrem vermeintlichen Schöpfergott noch dessen säkularen Nachfolgekonstrukt »Natur« angelastet. Deren Phantasie z.B. im Erfinden von Tötungsstrategien scheint unerschöpflich und müsste gottes- oder naturfürchtige Gläubige ins Grübeln bringen. Nur zu gerne werden diese Grausamkeiten jedoch verdrängt, jedenfalls nicht bewertet. Natur ist eben so, basta!

Doch wie es aussieht, ist der Mensch, nüchtern betrachtet, moralisch weder besser noch schlechter als die vormenschliche Natur. Nur zu verständlich. Als vorläufiges Endglied, als »Summe« der Evolution hat er alle Verhaltensweisen seiner Vorgänger bis hin zu den Einzellern genetisch gespeichert und abrufbereit. Nichts ist dem Menschen fremd. Er ist »zu allem fähig«.

Alle »ethisch fragwürdigen« Taktiken der Natur wie z.B. Täuschung, Tarnung, Hinterlist – Strategien, die nicht aus Bosheit, sondern im Kampf ums Überleben angewandt werden –, reizt auch Homo sapiens aus, etwas sublimer vielleicht und raffinierter. Warum auch sollte er besser oder schlechter sein als die Natur? Er ist denselben Zwängen unterworfen, ist aus dem gleichen Material, stammt nicht von einem anderen Stern. Man ist versucht zu sagen: »Nichts Neues durch den Menschen, außer: *Variation in Geist*«. Ethische Verhaltensgrenzen gegenüber dem Artgenossen werden, von »Ausreißern« abgesehen, nur durch den elementaren Trieb der Arterhaltung gesetzt. Und in diesem Punkt war und ist Homo sapiens überaus erfolgreich. Sein Aussterben ist noch nicht in Sicht.

Genau genommen gibt es nur zwei Möglichkeiten, was die Moral oder Ethik des Menschen betrifft. Entweder spielt er alles Gute und Böse, das in der belebten Natur von Anfang an einprogrammiert ist, nur auf einem höheren, sublimeren, »geistigeren« Niveau aus – dann wäre die Selbsteinschätzung seiner Moral, seiner potentiellen »Überlegenheit« gegenüber den vormenschlichen Verhaltensregeln und -mustern pure Illusion, Selbsttäuschung. Vieles spricht mit Blick auf die Realitäten, auf sein Verhalten innerhalb seiner Art und gegenüber den anderen Arten dafür.

Oder aber er konzipiert für sich eine »höhere«, der Natur fast schon widersprechende Ethik. Dann wäre er auf dem Pfad der »Transzendentalen«, die ihre Moralvorstellungen von »jenseits der Natur« und nur teilweise einem »Naturrecht« verpflichtet beziehen.

Es käme auf das klassische Postulat hinaus: »Die *Natur* sagt… – *Gott aber* und seine Gesandten bzw. deren säkulare Nachfolger, die *Ethiker*, sagen…« Anstatt in Abgrenzung gegen eine vermeintlich »monströse« Natur einen Natur-Ethik-Dualismus zu konstruieren, schlage ich vor, auf die positiven natürlichen Ressourcen des Zusammenlebens zu setzen.

Ihr Plädoyer für »artgerechte Tierhaltung« in Ehren, und ich will dem auch gar nicht widersprechen. Doch trotz eines glücklichen Lebens mit *»Scharrmöglichkeit und Bewegungsfreiheit«* – die höchste Form von Leid, das einem Lebewesen zustoßen kann, das Getötetwerden, können auch Sie den Tieren, von denen Sie sich ernähren, nicht ersparen. Und den *»Interessen«* dieser Tiere entspricht das Geschlachtetwerden nun sicher auch nicht.

Das »stärkste Bedürfnis« einer Legehenne ist nicht das Scharren u.ä., sondern das Überleben. An diesem

Punkt kommen Sie mit Ihrem Engagement für *»Fairness«* und *»Interessenausgleich«* nicht mehr weiter, es sei denn Sie werden Vegetarier und verschieben das Interessenproblem auf den »Konflikt« mit den Pflanzen, den Lebewesen niedrigerer Ordnung. Das sind die bitteren Tatsachen der Realität, sprich: der Natur. Wer mit ihnen hadert oder sie ablehnt, steht mit einem Bein auf der Seite esoterischer Hyperindentifikation mit der Natur, die dann konsequenterweise, zumindest theoretisch, auf die Auflösung des Individuums hinausläuft. Für diese Klientel gibt es kein »Ich« mehr.

Ihren Vergleich von *ausgewachsenem Schwein* und *menschlichem Fötus und Neugeborenen*, was die Überlegenheit des Schweins in punkto *»Bewusstsein und Erlebnisfähigkeit«* betrifft, und Ihre Folgerungen daraus halte ich für instinktlos und geradezu inhuman. Dass *»menschliche Individuen vor der Geburt, Neugeborene und Kleinkinder kein echtes persönliches Überlebensinteresse«* hätten, nur weil sie noch kein ausgeprägtes Bewusstsein haben und das nicht formulieren können, sorry, das klingt mehr als fragwürdig, fast schon zynisch. Solche Urteile können nur in dem Gehirn eines emotional verarmten Naturwissenschaftlers mit Schmalspurblick durchs Mikroskop u.ä. entstehen und sind für mich nicht akzeptabel.

Das Überlebensinteresse eines jeden Lebewesens beginnt mit der Befruchtung der Eizelle. Dieses erst mit einem fortgeschrittenen Stadium zu verbinden ist absurd, heißt: »sich in die Tasche lügen«.

Ihr Schwenk vom *Überlebensinteresse* zum *Überlebensrecht* ist noch fragwürdiger. Die *»humanistische Perspektive«, dass »jeder Mensch von Geburt an das uneingeschränkte Recht auf Leben besitzt«*, – vorher nicht! – darüber könnte man nun wahrlich streiten.

Die Abtreibung ist sicher eines der prekärsten Probleme, die unsere Gesellschaft zu lösen hat. Da kommen sich Vernunftgründe und empathische Instinkte, sofern vorhanden, nur zu verständlich ins Gehege. Wer die Abtreibung nicht als absolute Notlösung sieht und dabei keine unguten Gefühle hat, diese aber beim Anblick »eingesperrter Legehennen« pflegt, mit Verlaub, bei diesem Menschen scheinen mir die Schwerpunkte der Empathie fehlgeleitet.

Ja, alle Varianten des menschlichen Fühlens sind möglich. Es gibt in der Tat zur Genüge Menschen, die für Hunde oder Katzen, für Tiere allgemein mehr Empathie empfinden als für Menschen. Es sei ihnen zugestanden. Aber Mensch und Tier, ihr Überlebensinteresse und -recht gegeneinander abzuwägen und auszuspielen, das halte ich für äußerst bedenklich.

Gegen Ihre spezielle, sagen wir: hochsensible Tierempathie, die Sie bezeichnenderweise rational, mit Hinweis auf das zentrale Nervensystem begründen und »auszudehnen« versuchen, ist nichts zu sagen, obwohl Empathie in erster Linie auf der Identifikation, dem »Hineinfühlen« in einen Mitmenschen beruht. Empathie mit Tieren setzt eine Vermenschlichung des Tieres voraus, verständlich bei treuen Begleitern wie Hunden, Katzen, Pferden etc., zu denen man eine Beziehung aufgebaut hat. Ich hätte mir jedoch einen anderen Schwerpunkt, mehr Empathie für das Leiden der Menschen statt des Mitleids mit Legehennen und Schweinen in Ihrem Manifest gewünscht.

Den Schlussakkord, den Seitenhieb gegen die Religion und den Schöpfungsmythos können Sie sich, wie gewohnt, nicht verkneifen. »*Macht euch die Erde untertan!*« – in Ihren Augen eine Ungeheuerlichkeit, aus der die pure »*Hybris*« spricht. Bleiben Sie entspannt! Wenn Sie diesen mythischen Auftrag nüchtern betrachten und verstehen wollen, besagt er nichts anderes als die Erkenntnis schon in früher Zeit, dass der Mensch an der Spitze der Evolutionskette steht, bildlich also die »Krone der Schöpfung« darstellt und diese *dominiert.*

Jede per Evolution neu entstehende Stufe entwickelte eine Dominanz über die jeweils niedrigeren Stufen. Das Erdreich ist der Pflanze, die Pflanze dem Tier, das Tier dem Menschen ausgeliefert, unterlegen. *Dominanz ist eine Tatsache, kein Makel!* Wie man mit ihr umgeht, darüber kann man sich Gedanken machen.

»Macht euch die Erde untertan!« heißt auch nicht, die Erde zu zerstören, die Mitbewohner zu quälen. Da lesen Sie in Ihrer etwas überhitzten Aversion gegen die Religion etwas in den Mythos hinein, was dieser nicht »hergibt«. Ja, Homo sapiens hat sich die Erde, soweit er konnte, »untertan gemacht«. Er hat Wölfe, Pferde, Kamele, Katzen »domestiziert«. Nach seinem Jäger- und Sammlerdasein hat er zu seinem Überleben Tiere gezüchtet, Wildpflanzen kultiviert. Gefährliche Kleinstlebewesen wie Viren und Bakterien versucht er ebenso auszurotten wie Schädlinge, die seine Ernten bedrohen. Er hat Naturlandschaften in »Kulturlandschaften« verwandelt und dabei vielen Arten den Lebensraum genommen. Zu seiner Verteidigung sei gesagt: Bewahrung und Erhalt aller Arten liegt nicht unbedingt im Interesse der Natur.

Und seit längerer Zeit richtet der Mensch sogar in einem Akt der Großzügigkeit, da er sich in einer relativ komfortablen Lage befindet, museale »Naturschutzgebiete« ein, teils aus Nostalgie und als Kontrast zu seiner Zivilisation, teils auch mit dem heimlichen Interesse an noch ungenutztem genetischem Potential, sprich: Ressourcen für die Zukunft. All diese Aktivitäten von Homo sapiens als »*Hybris*« abzustempeln scheint mir etwas kurz und kulturpessimistisch gedacht. Man könnte den mythischen Auftrag des Schöpfergottes auch »säkularisieren«, indem man den *Gott* durch die *Evolution* ersetzt, die da sagt: »Ich habe dir ein Potential gegeben, verwirkliche es, lebe es zu deinem Nutzen aus!« Potentiale sind in der Tat so etwas wie ein »Auftrag«. Wer aus seinen Möglichkeiten nichts gemacht hat, dürfte am Ende seines Lebens kaum ein gutes Gefühl haben.

Die extreme Dominanz von Homo sapiens als »*Sonderstellung*« zu akzeptieren – das sollte Ihnen kein Kopfzerbrechen bereiten. Ärgerlich für Sie als »Materialisten« ist natürlich die Tatsache, dass ausgerechnet die Dimension »Geist«, sprich: *Intelligenz* und *Bewusstsein*, die Dominanz von Homo sapiens begründet. Sie würden ihn gerne »*entzaubern*« und den »*Affenartigen*« zur Seite stellen. Nun, man kann diesen »Geist«, den man nicht unbedingt dualistisch von der Materie trennen muss, sondern als deren kreativen Gegenpol betrachten kann, zur *Überheblichkeit*, aber auch mit Blick auf die Folgen des eigenen Tuns zur *klugen Selbstrelativierung* nutzen, Ansätze, s. Ökologie und Klimaschutz, scheint es ja schon zu geben. Haben wir womöglich doch einen kleinen Vorsprung vor den »*Affenartigen*«? Und macht gerade dieser Vorsprung womöglich unsere »*Sonderstellung*« aus?

Noch einmal kurz zu Ihren Ethiküberlegungen. Sie sagen*: »Wir müssen das Bewusstsein stärken...«* und: *»... dass es uns gelingt, unser Empathievermögen... auszudehnen.«* Wenn ich das recht verstehe, halten Sie es anscheinend für möglich, dass ein »*gestärktes Bewusstsein*« Einfluss nehmen kann auf so etwas unbewusst Elementares wie das Empathievermögen, beheimatet im limbischen System, und dass diese geistigen Anstrengungen zur Verbesserung oder Veränderung unserer *»Entscheidungen«* führt?

Sie merken doch hoffentlich, dass Sie da wieder einmal Ihre Leugnung des »freien Willens« unterlaufen und dass Sie dem Präfrontalen Cortex mittels »Erkenntnisvorgängen« und »Stärkung«, d.h. »Training«, nun doch ein gewisses Mitspracherecht gegenüber dem unbewussten Mandelkern bei den Entscheidungen zugestehen? Ja, man sollte Thesen wie die Leugnung des »freien Willens« vielleicht doch nicht verabsolutieren. Dann sieht plötzlich alles flexibler, »menschlicher« aus und eröffnet erstaunliche Perspektiven. Und das ist ja wohl auch in Ihrem Sinne.

Leitkultur Humanismus und Aufklärung (S. 131 ff.)
und
Ein Tier, so klug und freundlich (S. 145 ff.)

In diesen beiden letzten Kapiteln beschreiben Sie Ihre praktischen Forderungen zum Erhalt unserer offenen Gesellschaft, gegründet auf eine weithin säkulare Verfassung, sehr gut. Dem kann ich in allen Punkten nur zustimmen. Da möchte oder muss ich nun einmal ausnahmsweise keine kritischen Anmerkungen äußern und gebe Ihnen ohne Wenn und Aber recht. Was bedeutet, dass wir in der praktischen Ausrichtung unseres Projekts *Aufklärung* einer Meinung sind und uns nicht durch eher theoretische, spekulative Differenzen auseinander dividieren lassen sollten.

Eine für Ethiker leicht provokante Frage stellt sich jedoch, wenn Sie eine Ethik *»jenseits von Fundamentalismus und Beliebigkeit«* proklamieren. Hier benennen Sie zum ersten Mal ein polares Gegensatzpaar und verorten Ihre Ethik in der Mitte, zwischen den Polen. Sie idealisieren die Mitte, was statistisch gesehen »normal« und »natürlich« ist. »Maß und Mitte« garantieren Stabilität. Sie zu proklamieren ist eigentlich unnötig. Die Masse befindet sich ohnehin in der Mitte und frönt ihrer Tugend »Mittelmaß«. Das ist nicht abwertend gemeint. Masse ist die stabile Grundsubstanz. Doch wie sieht das mit den Rändern aus? Dort entstehen – oft im Verbund mit »Unvernunft« und »Unanständigkeit«, mit »Exzentrik« und einer gewissen Portion »Größenwahn« – *Originalität*, *Kreativität* und *Genialität*. Dieser von Ihnen postulierte *»vernünftige, anständige und gerechte«* Mensch, darf man ihm die Lust auf *Unvernunft*, *Unanständigkeit* und *»ungerechte« Vorteile* verbieten?

Haben »kategorische Imperative« nicht auch etwas »Fundamentalistisches«? Und, tendiert nicht gerade die Predigt des *»autonomen Individuums«* – unabhängig, selbstbestimmt, selbstherrlich, sich selbst genug – geradezu zwangsläufig in Richtung »Beliebigkeit«? Wenn alles »natürlich«, »gleichwertig« und »erlaubt«, wenn jeder seines hedonistischen Glückes Schmied ist – warum sollte er sich auf ein »Ideal« einlassen? Spielen Sie mit dem hedonistischen Eigennutz nicht sowohl dem Beliebigkeitsfan als auch dessen Gegenpol, dem Fundamentalisten, als Kämpfer gegen die echte oder vermeintliche »Dekadenz«, in die Hände? Wieviel »ethische Exzentrik« sollte man dem Menschen zugestehen? Kann man die extremen Pole *Dogma* und *Beliebigkeit* überhaupt abschaffen? Ist das wünschenswert? Gehören sie nicht wie die Paradiesvögel, die Exzentriker und Exaltierten, die bisweilen grelle Ästhetik und die bizarren Rituale in der Tier- und Menschenwelt zur Vielfalt der Natur?

Ich bin skeptisch gegenüber »Idealen«. Ideale kollidieren gewöhnlich mit der Realität. Die Natur liebt keine Ideale oder Idealzustände. Diese würden zum Stillstand verführen. Denn es gäbe, wie beim Absoluten, keinen Grund mehr zur Veränderung. Natur und Leben sind aber permanente Veränderung. Durch den evolutionären Prozess der Differenzierung werden im menschlichen Bereich die Varianten von Persönlichkeiten und deren Lebenserwartungen und -entwürfe immer vielfältiger.

Was Sie für sich als ideal empfinden, kann für Ihren Mitmenschen völlig unattraktiv sein. Zu Recht. Er ist ein anderer. *»Vernünftig, anständig und gerecht«* – gegen die unbewusste Selbstidolisierung per propagierte eigene Ideale ist wohl kein Moralist oder Ethiker gefeit, ob er nun Epikur oder Schmidt-Salomon heißt.

Ihr Begriff *»Leitkultur«* kann zu Missverständnissen führen, als würde da wieder eine Kultur, führend auf geradem Wege und entlang ethischer Leitplanken, ein weltanschauliches System, ein neuer, wenn auch säkularer »Heilsplan« verkündet.

Ich halte das übrigens für eines der Hauptprobleme der »humanistischen Vereine« und »Bewegungen«. Es hat dort wie in den Religionen eine gewisse *Institutionalisierung* stattgefunden. Man bewegt sich, vermutlich gezwungenermaßen, in *geschlossenen Zirkeln*, man hat ein *»Manifest«*, eine Art *Bibel* verfasst und zu guter Letzt nach Vorbild und im Fahrwasser der Religionen auch noch eine Alternative zum *Dekalog* verkündet, und wenn ich das richtig sehe, wurden *Rituale* entwickelt. Fehlt nur noch die *Taufe* als Aufnahmeritual. Das alles gibt der Bewegung einen *pseudokirchlichen Touch*.

62

Nun sind aber einigermaßen aufgeklärte Zeitgenossen vielleicht gerade eben erst einer Glaubensgemeinschaft entronnen und wollen nur ein »ganz normales« Leben führen, jenseits aller definierten Weltbilder. Diese Menschen werden sicherlich nicht durch den Begriff »Humanismus« angezogen. Er wird ja assoziiert mit der Antike und dem späten Mittelalter, mit der elitär »humanistischen Bildung«. Das alles wirkt auf den Normal-Sterblichen befremdlich.

Es fragt sich, ob man für ein zeitgemäßes Weltbild überhaupt den Rückgriff auf die Garde der alten Philosophen braucht. Durch die Berufung auf die philosophischen Autoritäten der Geschichte bekommen Ihre Aussagen nicht mehr Gewicht. Unsere Welt ist eine andere als die der alten Griechen. Und auf die von Ihnen zitierten Erkenntnisse und ethischen Ideale Epikurs kann ein denkender Mensch auch ohne dessen Hilfe kommen. So genial und innovativ sind sie nun auch wieder nicht. Das »Carpe diem!« erschallt inzwischen aus jedermanns Munde.

Ich frage mich, wie der »evolutionäre Humanismus« dieses etwas altertümelnde Image überwinden, aus seinem Schneckenhaus herauskommen, wie er sich in der Gesellschaft, in der Politik, in den Medien, wo ich ihn überhaupt nicht wahrnehmen kann, ohne diesen »kirchlichen Habitus« einer Weltanschauungsgemeinschaft präsentieren und wirksam werden könnte.

Sie haben kürzlich eine politische Partei gegründet, eine weltanschaulich orientierte Partei als Alternative zu den sich »christlich« nennenden Parteien. Tapfer, aber mit wenig Aussicht auf politischen Erfolg. Die laizistischen Ansätze, die Trennung von Kirche und Staat, sollte man, denke ich, auf breiterer Basis als mittels einer eigenen Partei unterstützen. Unsere Politiker, Intellektuellen und Medien üben sich sträflich in opportunistischem Schweigen gegenüber den Kirchen. Kritiker kommen kaum zu Wort. Die Frage stellt sich: Wie könnte man ein säkulares, humanes Weltbild jenseits eines ideologischen Images, eines »Ismus«, populär machen? Ich plädiere für ein säkulares, humanes, nicht »humanistisches« Weltbild.

Anhang

Die Zehn Angebote des evolutionären Humanismus (S. 156 ff.)

Auch wenn Sie die »Zehn Gebote« durch »Zehn Angebote« ersetzen, was etwas gewollt wirkt, zumal Sie die meisten »Angebote« mit einem Imperativ beginnen –, mit deren Verkündigung geraten Sie, wie schon gesagt, in die Fahrwasser der Religion und outen Ihre Bewegung gewollt oder ungewollt als eine Art Nachfolgereligion und sich selbst als modernen, neuen »Moses«. Taktisch unklug und überflüssig. Die biblischen Zehn Gebote zu verdammen wegen ihres Bezugs auf den Stammesgott der Israeliten und wegen patriarchalischer, frauenfeindlicher Elemente führt zu nichts. Diese Ge- und Verbote stellten ja nichts anderes dar als die »Minima moralia« ihrer Zeit, als das durchaus passable Grundgerüst einer Gesellschaftsordnung. Dass sie in eine mythische Erzählung eingebettet waren, begründet mit der Offenbarung eines Gottes, ist ihrer Zeit geschuldet. Solche Erzählungen produzierten alle frühen Kulturen, von Ägypten bis Griechenland, und sollte Sie nicht zu überheblichen, sprich: verächtlichen Äußerungen verleiten.

Als evolutionärer Humanist sollten Sie Verständnis für die Evolution von Weltbildern zeigen und unsere Vorfahren nicht als Leute mit einem *»naiven Primatenhirn«* niedermachen. Auch wir Heutigen haben vermutlich noch nicht den letzten Löffel der Weisheit gegessen. Etwas mehr gelassene Souveränität des Tonfalls würde Ihrem Manifest nicht schaden. Arroganz und Spott gegenüber »Andersgläubigen« zeugen nicht von jenem *Respekt* gegenüber jedermann, den Sie in Ihrem *»zweiten Angebot«* fordern.

1. *»Diene dem... großen Ideal der Ethik, das Leid in der Welt zu mindern!«* Sie merken doch hoffentlich, dass Sie mit Ihrer »Mitleids-Ethik« gar nicht so weit von jenem christlichen Ideal der undifferenzierten Nächstenliebe sind, die ja nun sicher nicht dafür steht, das »Leid zu mehren«? Sie sagen zwar, man müsse nicht jeden Menschen »lieben«, aber »Respekt« und »Mitleid« mit ihm sollte man schon haben, sein »Leid mindern«. Sie weiten dieses Mitleid sogar ausdrücklich auf die Tierwelt aus. Ihrer Mitleids-Ethik fehlt, kein Wunder, der auf dem Aggressionstrieb begründete Gegenpol, das »Wehre dich!«, mit dem auch die christliche Feindesliebe im Widerstreit steht.

Das Manifest ist zwar im Tonfall öfters provokativ, sprich: aggressiv gefärbt, inhaltlich jedoch klingt es nach der Botschaft eines – pardon! – aggressiv gehemmten Zeitgenossen, der, den Hedonismus und den Eigennutz pflegend, die Konflikte, Härten, Grausamkeiten des Lebens ausklammert, nach dem Motto: »Tue niemandem weh und niemand wird dir wehtun!« Das *positiv-aggressive »Kämpfe für...«* könnte gerade aus der Sicht der Unterprivilegierten, Ausgeschlossenen im Manifest erwähnt und konkretisiert werden.

2. »*Verhalte dich fair gegenüber deinem Nächsten und deinem Fernsten*«. Da haben wir die scheinbar etwas realistischere und coolere Variante der christlichen Nächstenliebe. Dass dieses Fairnessgebot mit dem natürlichen »unfairen« Antrieb des Menschen, »es besser haben zu wollen als die anderen«, im permanenten Konflikt liegt und daher leicht utopisch sein dürfte, ist Ihnen, hoffe ich, klar. Und wie wollen Sie sich fair gegenüber dem *»Fernsten«* verhalten, z.B. gegenüber einem armen Teufel in der Dritten Welt? Mit »Fair-Trade«-Kaffee oder -Blumen? Was müssten Sie, wir alle, von unseren Privilegien abgeben, um in der Welt Fairness und Gerechtigkeit herzustellen?

Warum wird es nichts mit dem »fairen Ausgleich« weltweit trotz aller Proklamationen? Liegt es womöglich an der »Natur«, die weder »fair« noch »gerecht« ist? Liegt es daran, dass Empathie mit zunehmendem *emotionalem und räumlichem Abstand* abnimmt, dass wir mit dem »Fernsten« bestenfalls noch eine »virtuelle Empathie« pflegen können? Überfordert nicht auch Ihr 2. »Angebot«, wie die unsägliche christliche Nächstenliebe, die Potentiale des Einzelnen?

3. »*Entscheidend für den Wahrheitswert... ob sie logisch widerspruchsfrei ist...*« Gibt es für Sie noch andere als logisch-mathematische Wahrheiten, vielleicht auch intuitive? Was für den Einzelnen wahr und wichtig ist, kann er auch erkennen, wenn er in sich hineinhört. Das »gute« oder »ungute Gefühl«, der Zweifel, bringt oft weiter als rationale Überlegungen aus den Handbüchern der Philosophie und Wissenschaften.

Und überhaupt, sollte man mit dem Begriff »Wahrheit« nicht äußerst vorsichtig und zurückhaltend umgehen? Der Rationalist in Ihnen bricht immer wieder durch. Es gibt Menschen, die anders strukturiert sind. Was nicht heißt, dass ich hier die Lanze für »höhere Wahrheiten« und das »Credo, quia absurdum« – »ich glaube, gerade weil es absurd ist« – breche. Wenn allerdings dieses »Credo, quia absurdum« einem Menschen hilft, sein Schicksal zu meistern – warum nicht? Hat Ihr Weltbild Platz auch für solche Menschen?

»Und wenn heute noch jemand mit ›Gott an seiner Seite‹ argumentiert sollte das… Lachsalven auslösen.« Ist das die Art von Toleranz und Respekt, die Sie sich gegenüber jedermann wünschen? Auch wenn Sie sich einem in seinem Glauben Verhafteten geistig überlegen fühlen, sollte das zur Überheblichkeit führen? *»Habe den Mut, dich deines eigenen Verstandes zu bedienen!«* – folgern Sie daraus das Recht und die Lust, Menschen lächerlich zu finden, die diesen Mut, aus welchen Gründen auch immer, nicht haben?

4. *»du sollst nicht lügen, stehlen, töten, es sei denn, es gibt im Notfall…«* Sich gegen die jüdisch-christlichen Gebote mit der Notfall- oder Ausnahmesituation doch irgendwie abzusetzen, wirkt gewollt, »sophistisch«. Gestehen Sie den paar »vernünftigen« Geboten des Dekalogs doch einfach ihre Berechtigung zu. Damit bricht Ihnen kein Zacken aus der Krone.

5. *»Befreie dich von der Unart des Moralisierens! Es gibt in der Welt nicht ›das Gute‹ und ›das Böse‹, sondern bloß Menschen mit unterschiedlichen Interessen…«* Erzählen Sie das einer Rentnerin, die sich gerade im Würgegriff eines Einbrechers befindet, einer Frau, die vergewaltigt, und einem »Ungläubigen«, der gerade enthauptet wird! In deren Ohren muss diese

verharmlosende, intellektuell unterkühlte Behauptung zynisch, wie eine Verhöhnung klingen.

Und weiter: »...*von welch freundlicher, kreativer und liebenswerter Seite sich die vermeintliche ›Bestie‹ Homo sapiens zeigen kann.*« Wer behauptet denn, dass der Mensch von Natur aus eine »*Bestie*« sei? Ja, er hat *auch* das Zeug zu einer »Bestie«!

Gegen eine vermeintliche Verallgemeinerung zu Felde zu ziehen ist ebenso absurd wie der Glaube, dass »*der Mensch nur...*« und schon wäre er »*ein freundlicher, kreativer...*« Etwas weniger Naivität hätte ich Ihnen schon zugetraut. Da träumen Sie sich, ganz nach Art der Utopisten, etwas schön. Ich fürchte, Sie müssen noch ein paar Lehr- und Erfahrungsstunden mit dem Thema *Realität* hinter sich bringen, um zu begreifen, was sich auf dieser Welt *auch* abspielt, außerhalb des wohlbehüteten Denkerstübchens. Sorry, aber diesmal musste ich etwas »unfair« werden!

Und, was unterscheidet das »Ethisieren« vom »Moralisieren«? Nur dies, dass Ethik keine Wertung, keine Unterscheidung von gut und böse macht, weil es das ja nicht gibt? Wie bewerten Sie eine Tat, die Ihren ethischen Empfehlungen, Ihren »Zehn Angeboten«, Ihrem »kategorischen Imperativ« widerspricht, sie verhöhnt? Als »*unfair*« und das war's? Da hatte eben einer, z.B. ein Mörder, ein anderes, ein mit seinem Opfer »nicht kompatibles Interesse«, einen »Interessenkonflikt«? Und außerdem: »Er konnte ja nicht anders!« Kann man ihm dafür »böse« sein?!

Wie gehen Sie mit »unethischem« Verhalten um? Die von Ihnen geächteten Moralisten appellieren ja an das »Gewissen«, das in Ihrem Manifest nicht vorkommt, nicht vorkommen darf. Denn, warum sollte ich ein »schlechtes Gewissen« haben, wenn ich doch mangels freien Willens »nicht anders konnte«? Welches Instrument kann oder sollte mich Ihrer Meinung nach vor unethischem Verhalten warnen und bewahren und, wenn es denn doch passiert ist, ermahnen, bestrafen? Genügt tatsächlich die locker rationale Erklärung, unethisches Verhalten könne man im klassischen Sinn nicht bewerten, ansonsten gerate man in die trüben Gewässer des »Moralisierens«?

6. »Immunisiere dich nicht gegen Kritik! Ehrliche Kritik ist ein Geschenk, das du nicht abweisen solltest.« Ich bin gespannt, wie Sie mit meinen kritischen Anmerkungen zu Ihrem Manifest, mit meinem »Geschenk« umgehen werden, ob Sie sich nur in einem einzigen Punkt »verunsichern« lassen. Bekanntlich lebt jeder Mensch in seiner Welt, hat bewusst oder unbewusst »seine« Weltanschauung, von der er sich kaum abbringen lässt. Resonanz entsteht nur zwischen ähnlich strukturierten Zeitgenossen, ähnlich in »Genen und Geschichte«. »Selbstreferenzielle Erkenntnis« nennt das die Pädagogik.

Auch Ihr Manifest wird nur bei einer bestimmten Klientel auf fruchtbaren Boden fallen. Ich bin gespannt, was Sie an meinen Gedankengängen nachvollziehen können. Womit wir beim 7. Angebot ankommen.

7. »Sei dir deiner Sache nicht allzu sicher!« Wie schon gesagt, dieses (An-)Gebot, diese von Ihnen geforderte Haltung des Sich-selbst-infrage-Stellens vermisse ich des öfteren in Ihrem Manifest. Sie ziehen da gerne mit Spotttiraden und apodiktisch vorgetragenen Argumenten sehr selbstüberzeugt vom Leder – als Stilmittel der Provokation verständlich, taktisch und

auch philosophisch jedoch nicht immer klug. Ihnen fehlt, würde ich vermuten, als »Monist« das Gespür für das »Körnchen Wahrheit«, das in jedem Gegenargument steckt. Vielleicht sehe ich das falsch, zumal Sie ja in diesem 7. Angebot eine sehr sympathisch klingende selbstkritische Einstellung anempfehlen.

»... *den schmalen Grat jenseits von Dogmatismus und Beliebigkeit zu meistern.*« Zu Ihrer Beruhigung, zwischen Dogmatismus und Beliebigkeit ist ein *breiter Grat*, denn es ist der Grat der »Mitte«. Diese nimmt statistisch gesehen immer den breitesten Raum ein. Schauen Sie sich ihre relativ harmlosen Mitmenschen an und dann wissen Sie, was ich meine. Selbst unsere politischen Eliten versuchen, sich in der Mitte zu positionieren, um möglichst viele Wähler zu gewinnen.

Ob ethisch oder moralisch, die Masse der Zeitgenossen befindet sich »unter normalen Umständen«, wenn sie nicht unter Druck gerät, in der Mitte und hat konsequenterweise wenig Interesse an Extremen und Idealen, auch nicht an »ethischen Idealen«.

Als Anhänger des Naturalismus sollten Sie wissen, dass die Natur »Ideale« nicht liebt, unter anderem, weil sie der polaren Struktur widersprechen und immer einen Teilaspekt verabsolutieren. Erwarten Sie also von der Verkündigung Ihres »ethischen Ideals« nicht allzu viel Überzeugungs- und Wirkkraft.

Weder hat die Botschaft der *transzendental* begründeten *christlichen Nächstenliebe* die Welt verändert, noch wird Ihre *vernünftig* begründete *humanistische Ethik* die Welt zu dem »Ort des Friedens und der Gerechtigkeit« umgestalten, den Sie sich mit Ihrem, sorry, »aufgeklärten Primatenhirn« wünschen. Ich fürchte, die Dinge werden sich für die Benachteiligten dieser Welt nur mit Druck und womöglich Gewalt zum Besseren ändern.

Sie müssen sich, denke ich, neben Ihrem eher theoretischen Naturalismus noch an die elementaren Mechanismen der Natur, die sich einfach gegen »übernatürliche« Ethiken wehrt, herantasten und gewöhnen. Wenn Sie nüchtern auf die »Natur des Menschen« schauen, werden Sie etwas entdecken, was Sie vermutlich unter dem Begriff »Sozialdarwinismus« ablehnen »müssen«. Stichworte: *das Recht des Stärkeren, der Kampf um Privilegien, Macht und die beste Stellung innerhalb einer Rangordnung, um das beste Futter und Terrain, um die besten und meisten »Weibchen« und – Kooperation* nur unter dem Zeichen eines *gemeinsamen egoistischen Interesses.* Letzteres erkennen Sie an. Alles andere dürfte Ihrem ethischen Ideal eines *»vernünftigen, anständigen und gerechten Lebens«* widersprechen oder es zumindest relativieren.

Gewiss, auch das instinktive, artgerechte Verhalten in der Natur könnte man als »vernünftig«, das Einhalten der Regeln als »anständig«, und den verdienten Rang in einer Gruppe als »gerecht« bezeichnen. Insofern ist Ihre Ethik gar nicht so »übernatürlich«, eher – entgegen Ihrer Absicht – *»aus der Natur geschöpft«.* Fragwürdig machen sie erst Verabsolutierungen und überzogene Erwartungen. Die Machtverhältnisse z.B. innerhalb der Gesellschaft, die Konkurrenz und der Kampf um Privilegien werden gewöhnlich nicht mit der Vernunft und ethischen Geboten, sondern mit den »natürlichen« Mitteln und Taktiken geregelt.

Denken Sie an den modernen Sozialstaat. Er ist nicht die späte Frucht der christlichen Nächstenliebe, sondern wurde mit Kampf und Streiks erstritten. In derlei Konflikten macht es keinen Unterschied, ob Sie mit einer transzendental begründeten Moral oder mit einer nur auf Vernunft beruhenden Ethik beschwörend appellieren. Beide müssen sich mit ihrer relativen Ohnmacht gegenüber »Mutter Natur« abfinden.

8. »... *bevor du eine Entscheidung triffst. Du verfügst... über ein lernfähiges Gehirn... Achte darauf, dass du... die gleichen rationalen Prinzipien anwendest...*« Entscheidungen, gegründet auf »*rationalen Prinzipien*«? Höre ich recht? Wie passt das zur Leugnung des »freien Willens«? Wenn doch alles im limbischen System entschieden wird und das Bewusstsein dessen Entscheidungen nur mit etwas Verspätung abnicken kann – was für eine Rolle können da die im Präfrontalen Cortex beheimateten »*ethischen Wertvorstellungen*« und »*rationalen Prinzipien*« spielen? Haben diese dank des »*lernfähigen Gehirns*« womöglich doch ein gewisses Mitspracherecht? Gibt es in dem Spannungsfeld zwischen Mandelkern und Cortex womöglich doch einen »Hauch« *Freiheit*?

Ich wiederhole mich, ethische Empfehlungen abzugeben, ohne diesen »Hauch« *Freiheit* anzuerkennen, der hinwiederum ein gewisses Maß an *Schuld* und die Berechtigung von *Sühne* beinhaltet, wäre sinnlos. Dann könnten Sie Ihre Ethik-Thesen gleich an eine Betonwand schreiben und hoffen, dass diese sich »erweichen« lässt. Ich denke, zum Thema »Willensfreiheit« besteht noch denkerischer Nachholbedarf, wenn Sie sich nicht in einem Netz von inneren Widersprüchen verfangen wollen.

9. »*Genieße dein Leben...*« In Ihr »Carpe diem!« würde wohl jeder mit einem Glas Wein und einem »Prost auf das Leben, die Liebe...« einstimmen. Der

Bittertropfen dürfte jedoch die Tatsache sein, dass Genuss allein das Leben nicht ausmacht. Womit wir wieder bei dem schon bearbeiteten Thema »Hedonismus« wären.

All die mühsamen Aktivitäten der Wissenschaft, Technik, Kunst und nicht zuletzt der Philosophie, die nicht unbedingt »genussvoll« sein müssen und die der wahre Hedonist scheut, sollten hier als Werte nicht unerwähnt bleiben. Ganz zu schweigen von dem wenig genussvollen Alltag der meisten arbeitenden Menschen. Genuss und Glücksgefühle sind nun einmal auf nur seltene Augenblicke programmiert.

Die *Befriedigung der elementaren Bedürfnisse* dürfte an erster Stelle stehen. *Zufriedenheit*, die kleine Schwester des Glücks, sollte denn auch als angepeilte Grundstimmung genügen. Einem Slumbewohner oder den hungernden Menschenmassen jenseits unserer Inseln der Seligen muss Ihre Lobeshymne auf Genuss und Glück wie Spott und Hohn vorkommen. Man merkt dem Manifest an, auf welchem Kontinent, in welcher Lebenssituation, von welcher (Luxus-)Warte aus es geschrieben wurde.

10. *»Stelle dein Leben in den Dienst einer größeren Sache, werde Teil der Tradition derer, die die Welt zu einem besseren, lebenswerteren Ort machen woll(t)-en«.* Das ist das »edelste« Angebot, das Sie einem Publikum ans Herz legen, das damit vermutlich nicht viel anfangen kann, ausgenommen Menschen mit besonderer Empathiebegabung in besonderen Situationen und Herausforderungen. Seien wir ehrlich! Das Projekt »Weltverbesserung«, ehemals in mythisch geprägten Zeiten von Propheten und Gottgesandten, dann von Philosophen betrieben, war immer die An-

gelegenheit Einzelner, die sich dazu von den Göttern oder einem inneren Impetus »berufen« fühlten.

Auf Weltverbesserung zu hoffen, an ihr zu arbeiten, dazu gehört eine gehörige Portion »optimistischen Größenwahns«, egal, ob man sich nun als »Messias« oder als »philosophischer Durchblicker« fühlt. Die Masse der Menschen pflegt dieses elitäre Bewusstsein nicht. Die möchte nur ein befriedigendes, ganz normales Leben führen. Wenn wir »Aufklärer« etwas dafür tun, dass sie das können, dann haben wir unsere »Pflicht« getan, wer auch immer sie uns aufgeladen hat – ob ein vermeintlicher Gott oder die Evolution.

Um zu einem abschließenden *Fazit* zu kommen – meine kritischen Anmerkungen, die ich, wie gesagt, nicht als Fundamentalkritik, sondern eher als Denkanstöße, Erweiterung des Blickwinkels, Hinweis auf innere Widersprüche und auf eine alternative philosophische Begründung sehe, möchte ich in folgenden Punkten verkürzend zusammenfassen:

1. Sie verzichten auf die *philosophischen Grundfragen*: »Wie ist diese Wirklichkeit konstruiert? Macht diese Konstruktion Sinn? Was an dieser Konstruktion ist die größte Herausforderung für das menschliche Bewusstsein? Wie könnte der realitätsgerechte Umgang mit der Wirklichkeit aussehen?«

Zur Frage der Struktur bekämen Sie gerade aus der Wissenschaft und Grundlagenforschung Antworten, die Ihr Weltbild grundlegend formen könnten. Es ist dies, denke ich, die *»polare Struktur«* in Form wechselnd *antagonistischer, dualistischer* und *komplementärer Gegensätze.*

Polarität als Ursprung und Grund der *Differenz*. Wäre das Universum von Anfang an ein *Absolutes*, *Einheitliches, Eines* gewesen, hätte es keinen Grund gehabt, sich zu »differenzieren«. »Der Krieg ist der Vater aller Dinge«, sagte der gute alte Heraklit. In diesen *Kriegen, Konflikten, Spannungsfeldern* gibt es keine Sieger, keine *absoluten Primate*. Da Sie aber, wie am Beispiel Ihres Feindbildes, des *Materie-Geist-Dualismus*, eine mit Verlaub etwas »naive« monistische Denkweise pflegen, postulieren Sie immer wieder oberste *Prinzipien* und *Primate*, d.h. den Sieg des einen Pols über den anderen. Beispiele: *Hedonismus* und *Eigennutz* als *oberste Prinzipien des Lebens*.

Um sie jedoch »sozial verträglich« zu gestalten, müssen Sie Ihre Prinzipien nachträglich wieder von ihrem Gegenpol her relativieren. Sie sprechen dann von solchen Zwitterkonstrukten wie »aufgeklärten Hedonisten« und »altruistischem Eigennutz«.

Mit einem polaren Weltbild, das die Gegensätze in ihrer Bedeutung und Gleichwertigkeit, oder sagen wir: »logischen Notwendigkeit« akzeptiert, hätten Sie es leichter. Sie könnten sich auch mutiger den Abgründen, der *Negativseite der Wirklichkeit und des Lebens* widmen. Ihr Manifest stünde, auf alle Bereiche bezogen, philosophisch auf einem festeren, überzeugenderen Fundament.

2. Ihr *Naturalismus* enthält als Grundaussage den Verzicht auf transzendentale Sinnbezüge und Zielvorstellungen. Dem kann, muss aber nicht widersprochen werden. Als bekennender Atheist machen Sie dann doch den Versuch, die Existenz jenes transzendentalen Gottes zu widerlegen, obwohl Sie wissen, dass dies unmöglich ist. Ich würde Ihnen in diesem Punkt

agnostischen Verzicht empfehlen. Kritik an den Angeboten der Religionen ist auch dem Agnostiker erlaubt, sofern er sich dem Thema nicht fundamentalistisch verweigert, sondern offen und entspannt bleibt.

In der Konkretisierung Ihres Naturalismus, d.h. in Ihrem Verhältnis zur Natur als dem einzigen Urgrund des Seins geraten Sie öfters in einen Zwiespalt. Zum einen verorten Sie Homo sapiens recht nahe an der Tierwelt, den »Affenartigen«, s. Ihre Exkurse zur Homosexualität und Polygamie. Zum anderen versuchen Sie, ihn speziell in Ihrer Ethik gegen die Natur abzugrenzen und andere, höhere, beinahe schon »übernatürliche« Standards für ihn zu entwerfen.

3. Ihre *Ethik* mit der Grundformel *»vernünftig, anständig und gerecht«* wirkt etwas brav und nicht gerade innovativ. Wir leben nicht mehr in der Welt Epikurs. Ich vermisse Bezüge auf die ethischen Probleme der Gegenwart und einer sich andeutenden Zukunft. Wie regelt der Moderne neben seiner Sexualität seinen *Aggressionstrieb* in dessen positiver und negativer Ausformung? Wie findet er die Balance zwischen *Empathie* und *Selbstabgrenzung*, zwischen *Toleranz* und *Selbstbehauptung*, derzeit gerade in der Flüchtlingskrise aktuell?

Wie sollte der Mensch der Zukunft mit der zunehmenden Verwirklichung seiner ehemals dem Gott vorbehaltenen Attribute *Allmacht*, *Allwissenheit*, *Allgegenwart* und *Unsterblichkeit* umgehen? Was soll oder darf er z.B. in dem Bereich Gentechnik ausprobieren? Wie soll er mit künstlicher Intelligenz und virtuellen Welten umgehen? Inwieweit darf er zum gläsernen Konsumenten degradiert und manipuliert werden? Wie weit geht das Selbstbestimmungsrecht des Menschen, was z.B. die Sterbehilfe angeht? Mit der Formel *»vernünftig, anständig und gerecht«* kommen Sie in diesen Problembereichen nicht weit.

Ich gebe zu, das Thema *Ethik* oder *Moral* ist sicher der schwierigste Problembereich bei den Überlegungen zu einem realitätsgerechten Weltbild. Für das Individuum ein »Ideal« zu konzipieren ist in Zeiten zunehmender Differenzierung der Lebensentwürfe beinahe sinnlos. Den Kampf um nichtmaterielle, ideelle Grundwerte – was erwarte ich von meinem Leben, was ist mir wichtig, wie sollte ich mich gegenüber den Mitmenschen verhalten? – haben Eltern und Schule gegenüber der Wertepropaganda des »Marktes« schon beinahe verloren. Kaum einer versucht mehr, dessen Tricks und Mechanismen bloßzulegen und ein »immunisierendes« Antikonzept zu entwickeln.

Ihr *»vernünftig, anständig und gerecht«* wirkt abstrakt und vage. Es ist nicht mehr als eine Art Minimalkonsens für ein gemeinsames Überleben. Durch seine *Gene* und *Sozialisation* ist das Individuum gewöhnlich lebenslang ethisch eingeordnet, »festgezurrt«, normalerweise irgendwo »in der Mitte«. Bleibt eigentlich nur noch der Kampf um die *Gesellschaftsmoral* oder -*ethik*, die bestimmte Werte schützt und die festlegt, was erlaubt oder nicht erlaubt ist.

4. Beim Thema *Ethik* vermeiden Sie geflissentlich das Wort »Gewissen« – vermutlich, weil Sie vehement einseitig den »freien Willen« leugnen und die Macht des unbewussten Mandelkerns gegenüber dem präfrontalen Cortex, dem Sitz der Wertvorstellungen, die im »Gewissen« kulturell formuliert und implantiert sind, verabsolutieren. Damit geraten Sie in einen unlösbaren Widerspruch. Wenn Sie per ethische Überle-

gungen und Einsichten Entscheidungen beeinflussen wollen, dann müssen Sie dem Menschen wenigstens ein Minimum an »*Entscheidungs-,* sprich: *Willensfreiheit* zugestehen. Mit Verabsolutierungen des einen Pols, der Macht des Unbewussten, kommen Sie nicht weiter. Das Leben spielt sich gewöhnlich irgendwo *zwischen den Polen* ab, z.B. auch zwischen *Freiheit* und *Unfreiheit.* Auch hier gilt: Abschied nehmen vom Absoluten!

5. Der Gedanke der *Evolution* kommt mir in Ihrem »evolutionären« Humanismus zu kurz – verständlich, denn Sie haben da ein Problem. Da Sie das Universum für »*sinnleer, ziellos, dem Zufall unterworfen*« halten, können Sie schwerlich die Entwicklung eines innewohnenden *zielgerichteten Potentials* bejahen. Andererseits sprechen Sie von der »*Selbstorganisation*« der Natur. Bedeutet »Organisation« nicht die Ausrichtung auf ein *Ziel,* auf die Schaffung von geordneten, *organisierten Systemen?* Und ergeben diese in ihrem Zusammenspiel nicht einen *Sinn?* Ihre einseitigen Thesen zum Universum widersprechen sich und passen nicht zu dem, was im Universum geschieht.

Gerade auch die *Zielrichtung* der Evolution vom scheinbar Einfachen zum Differenzierten, Komplexen, Sublimen ist Ihnen, obwohl in der physikalisch-chemischen und biologischen Evolution klar erkennbar, suspekt – erst recht die zunehmende Differenzierung und Komplexität innerhalb der kulturellen Evolution von Homo sapiens, gründend auf seiner sich ständig aufblähenden Dimension *Geist,* sprich: *Intelligenz* und *Bewusstsein.* Der Zufall als Motor wäre Ihnen lieber.

Überspitzt gesagt: Von der »dumpfen Materie« – sie ist natürlich nicht dumpf im Sinne von »geistlos«, sondern enthält von Anfang an ein kreatives Potential – hin zum »reinen Geist«, den es natürlich nicht »rein«, losgelöst von seiner materiellen Grundlage gibt, selbst wenn der Grad der Virtualisierung des zukünftigen Menschen zunehmen wird – das dürfte die Richtung der Evolution auf unserem und vermutlich auch auf anderen lebensfreundlichen Planeten sein.

Diese Richtung vom »Primitiven«, »Niederen« zum »Sublimeren«, »Höheren«, das scheint Ihnen aus Angst vor einem planenden Weltengeist, womöglich »Gott« genannt, nicht zu schmecken. Auch wenn wir auf Spekulationen über Wirklichkeiten jenseits unserer Erfahrungswelt verzichten – die beobachtbaren Phänomene der Evolution dürfen oder sollten wir aber ruhig konstatieren und akzeptieren.

6. Mit der *Evolution des menschlichen Bewusstseins*, die ihren Niederschlag in den Mythen findet, tun Sie sich noch schwerer. Sie machen sich kaum die Mühe, die Weltbilder unserer Vorfahren mit deren begrenzten Erkenntnismöglichkeiten und dem verunsicherten Selbstbewusstsein gegenüber einer feindlich gesinnten Natur zu verstehen. Auch deren Bedürfnis nach *Erlösung von der Negativseite des Lebens*, von der täglichen existenziellen Bedrohung und dem Tod, das sich in ihren frühen Ritualen und später in den mythischen Erzählungen niederschlägt – dem können Sie nichts Positives abgewinnen und sprechen von Täuschungsmanövern, von *»Etikettenschwindel«,* Lug und Trug.

Über die wahren Schuldigen, die *Eliten des Mythos und der Macht*, lassen Sie sich nicht aus. Stattdessen attackieren Sie den Gott des Alten Testaments und übersehen, speziell im Christentum, die Evolution von einem klassisch *transzendentalen* zu einem im Ansatz *säkularen Weltbild*, s. die Gleichsetzung von Gottes- und Nächstenliebe. Evolutionäre Ansätze aufnehmen und weiterentwickeln, das stelle ich mir unter einem »evolutionären Humanismus« vor.

Übrigens, auch dieser *»evolutionäre Humanismus«* wird nicht die »Krone der Mythen« sein. Seine *Erklärung* der Welt, seine *ethischen Forderungen* und sein *Versprechen einer »besseren« Welt* werden sich, den fortschreitenden Erkenntnissen und Fähigkeiten des Menschen entsprechend, weiterentwickeln müssen. Ich vermisse in Ihrem Manifest eine *Zukunftsperspektive*, den Versuch, die *positive Kraft der Mythen*, das evolutionär bedingte »Transzendieren« über die Grenzen hinaus in eine tatsächlich oder vermeintlich »bessere« und »höhere« Welt« neu und zeitgemäß zu definieren (s. »Christentum adieu!«, 5. *»Perspektiven«*).

Allzu oft drängen Sie den Menschen in Verurteilung seiner angeblichen *»Hybris«* zurück in die Nähe der Tierwelt. Hier schimmert eine Art Kulturpessimismus durch, der sich nicht mit der *polaren Tatsache* anfreunden kann, dass jeder Fortschritt, gerade auch in den Naturwissenschaften, sowohl *kreativ* als auch *destruktiv* angewendet werden kann.

Sie können die Evolution, die Entwicklung des naturgegebenen Potentials nicht anhalten, egal wohin sie führt. Was Sie können, ist: Abschied nehmen von Heilsmythen, von religiösen oder auch säkularen Erlösungsutopien. Diese lässt die Wirklichkeit offensichtlich nicht zu. Sie würden die polare Struktur gewissermaßen leugnen, abschaffen.

Deuten Sie die Menschheitsgeschichte nicht als *Heilsgeschichte*, als Weg in den »ewigen Frieden« hedonistischen Glücks, sondern einfach nur als *Entwicklungsgeschichte* – von primitiven Anfängen zu für uns unbekannten, höchst sublimen, komplexen, virtuellen Lebensformen. Oder träumen Sie tatsächlich noch von einem »irdischen Paradies der Glückseligkeit«?

7. Zum eher *Formalen*. Argumentativ bewegen Sie sich am liebsten auf der logisch-rationalen Ebene, ganz dem *»naturwissenschaftlichen Den*ken« verpflichtet. Man könnte meinen, hier sei ein Rationalist am Werk, der die Welt mit dem klinisch reinen Messer der Vernunft zerlegt und erklärt. Der emotionalen Intelligenz, dem intuitiven Erkennen können Sie anscheinend nicht viel abgewinnen, obwohl doch deren Überzeugungskraft oft stärker ist als mathematisch spröde, kühle Argumente. Beispiele aus der Ästhetik, aus der Welt der Sinne, tauchen, obwohl Sie das Loblied auf die »Sinnlichkeit« singen, in Ihrem Manifest nicht auf. Nur einmal schwärmen Sie von dem »Geruch frisch gebackenen Brotes«. Ich fürchte, nicht alle Dinge des Lebens lassen sich logisch-rational erkennen und beweisen. Die Welt ist mehr als »2+2«. In meinem »Abschied vom Absoluten« beschreibe ich die intuitive Erkenntnis als den »sublogischen Zugang« zur Wirklichkeit.

8. Was Ihren *Stil* betrifft, bin ich zurückhaltend mit meiner Kritik. Man sollte jedem seinen Stil, seine Diktion zugestehen. Schließlich ist der Stil eines Buchs Geschmackssache. Was den einen entzückt, entsetzt den anderen, provoziert ihn zum Protest. Sie lieben Polemik und Provokation; das habe auch ich in meiner ironisch-polemischen Zeitkritik »Zarte Stachel – Süße Ohrfeigen« zelebriert. In einem *Grundsatzmanifest* wie dem Ihren jedoch, das nicht nur zur moralischen Aufrüstung der eigenen Fraktion dienen soll,

sondern sich an eine breitere, womöglich verunsicherte und zugleich neugierige Leserschaft wendet, würde ich auf Tiraden mit dem Geschmack von Überheblichkeit um des Projekts willen verzichten.

Ihre etwas überhitzte Angriffslust ist wohl Ihrer Persönlichkeit geschuldet. Einen einigermaßen gelassenen Leser kann sie nicht erschüttern. Sie sei Ihnen verziehen. Taktisch, pädagogisch, zur Überzeugungsarbeit für eine breitere Zuhörerschaft erscheinen mir diese »Ausrutscher« jedoch nicht klug. Brücken bauen, positive Ansätze im Weltbild des in der Tradition verhafteten, aber zweifelnden Zeitgenossen suchen – das wäre ein konstruktiver Ansatz, den ich in meinem religionskritischen Buch »Christentum adieu!«, wenn es sich anbot, verfolgt habe.

Weltbilder verändern sich gewöhnlich eher im Überblendverfahren als in radikalen, »digitalen« Sprüngen. Toleranz gegenüber der Vergangenheit ist angesagt. Auch Sie können vermutlich, wie jeder von uns, Ihre Kindheit nicht vollkommen abstreifen, kämpfen gegen sie an – das verraten die unbewussten Aversionen und die heftigen Attacken. Und wenn Sie sich auf die Altvorderen, vornehmlich auf Epikur berufen, sind Sie auch nicht unbedingt am Puls der Zeit. »Zeitlose Erkenntnisse« gibt es, ausgenommen in der Mathematik, nicht. Mit dem Begriff »evolutionärer Humanismus« deuten Sie das ja auch an. Durch aggressives Polemisieren blockieren Sie jedoch die Neugier, das »evolutionäre geistige Potential« der Leser.

Und schließlich, die *Namensgebung* scheint mir ein Problem des »evolutionären Humanismus« zu sein, der sich als eine institutionell abgesicherte »Bewegung« präsentiert. Der Begriff »Humanismus« weckt Assoziationen an die Antike und das späte Mittelalter. Zudem erinnert er an das elitäre »humanisti-sche Erziehungsideal«. Das alles wirkt vergangen-heitsfixiert und nicht eben attraktiv. Ja, der Zusatz »evolutionär« macht den Namen sympathischer.

Dennoch, wie alle »Ismen« wird er automatisch mit *Ideologie*, mit einer verkürzenden, Teilaspekte der Wirklichkeit verabsolutierenden Weltsicht assoziiert. Ich habe die »pseudokirchliche Ausstrahlung« schon erwähnt. Ich denke, der aufgeklärte Zeitgenosse der Zukunft möchte die Regelung seines Lebens und der Gesellschaft pragmatisch und human, nicht »humanis-tisch«, jenseits jeglicher Ideologie gelöst wissen. Ist meine Vorstellung einer »postideologischen, pluralen Weltgesellschaft« *auch* ein utopischer Traum? Mit Blick auf die Wirklichkeit – ich fürchte, ja.

Nun, Sie propagieren ja ein »offenes«, »evolutio-näres« Weltbild. Zwängen Sie es also nicht zu sehr in das Korsett von *Prinzipien*, einer *idealen Ethik* und *idealer Lebensentwürfe*. Seien Sie, Ihrem 7. Angebot folgend, sich Ihrer Sache, Ihrer »*obersten Prinzipien*« nicht allzu sicher! Geben Sie der kontrastierenden Vielfalt, überraschenden Erkenntnissen, Erfahrungen und dem »Anderen« Platz, solange dieses »Andere« unsere mühsam erreichte offene Lebensweise nicht bedroht und infrage stellt. Gerade dafür plädieren Sie ja in Ihrem Manifest.

In diesem Sinne
grüßt Sie
von »Aufklärer« zu »Aufklärer«,
»im Auftrag Ihrer Majestät, der Evolution!«

Thomas Ebersberg

Vom gleichen Autor erschienen:

Thomas Ebersberg
Christentum *adieu!*
Das Leise Sterben eines Mythos

ISBN 987-3-7357-5697-8, 116 S., kart., € 7,90
E-Book € 4,49

****

Thomas Ebersberg
**Abschied vom
ABSOLUTEN**
Wider die Einfalt des Denkens

ISBN 987-3-926607-01-0, 217 S., geb., € 9,90

****

Thomas Ebersberg
**Zarte Stachel –
Süße Ohrfeigen**
Ein Kulturstrip ohne Scham und Traurigkeit

ISBN 987-3-926607-00-3, 267 S., kart., € 6,90

****

Infos und Leseproben:
www.abschied-vom-absoluten.de